Udvikling af menneskelige ressourcer in Danmark

デンマークの人づくり

Støtte til social deltagelse i henhold til individualitet

個性に応じた社会参加を支援する

谷 雅泰 *Tani Masayasu*　青木真理 *Aoki Mari*　髙橋純一 *Takahashi Junichi*　石川弘美 *Ishikawa Hiromi*　カーステン・ボトカー *Carsten Bøtker*

DENMARK

ひとなる書房

もくじ◎デンマークの人づくり――個性に応じた社会参加を支援する

はじめに

谷 雅泰

本書は『転換期と向き合うデンマークの教育』（ひとなる書房）の続編である。前著が公刊されたのは2017年のことであった。この本にも執筆者として加わった、谷・青木・髙橋など、7名の著者が執筆した。すべて、一緒に科研費のグループとして現地調査を行ってきたメンバーであった。

なぜデンマークに興味をもったのかについては、前著で書いたのでここでは繰り返さない。「転換期」という言葉を題名に入れたのは、ちょうど国民学校の改革の直後であり、例えばPISAの成績を問題にし、授業時間数を大幅に増やすなどのことが、日本などの状況にも似てきたように感じ、グローバル化の中でデンマークもとうとう、と感じた部分があったからであった。しかし一方で、義務教育後に分岐する学校体系の中で、高校に進学する生徒たちだけでなく、むしろ様々な事情で脱落した生徒たちを教育の中に引き戻し、社会につなげる、ということが重視されていることも見て取れ、そのあたりはいかにもデンマークらしいと思えた。前著はこのテーマであらわすはじめての本だったこともあり、デンマークといえば日本でもよく知られている森の幼稚園や、放課後の子どもたちの活動なども紹介した。学校滞在時間が長くなるということは、放課後の時間が短くなるということでもあり、教育改革の影響を知りたかった、という動機もあったが、基本的には上記の問題意識をもちつつも、デンマークの教育について読者にできるだけイメージをもっていただきたく、できるだけ広い範囲の紹介を試みたというところである。今回は、前著を受け、先ほど述べた改革のもうひとつの面、つまりいろいろな事情（外国にバックグラウンドがある、何らかの障害がある、など）で脱落しがちな生徒への対策に焦点を当て、考察することにした。労働者不足から、技術を身につけた人材をできるだけ養成したいというデンマークの事情は、少子高齢化が進む日本の現実も後追いしつつあること、もうひとつは、そのための改革が進められているが、例えば前著で改革のひとつの目玉として挙げたEUD10は、本書で明らかにするようにあまり定着していないなど、試行錯誤の繰り返しのようにも見える。前著の後に行われ、本書で触れる若者教育ガイダンスセンターの廃止とKUIの発足も同じかもしれない。それらについて、本書でできるだけ詳しく紹介することにしたい。

さて、２０１７年から約7年を経過したが、この期間は短くも長くも感じられた。短く、というのは、２０２０年から世界中が巻き込まれたコロナ禍の影響であることは言うまでもない。私たちの研究も、ほぼ毎年現地訪問を繰り返していたものが、２０２３年の秋に4年ぶりの訪問を果たすまで、不可能になってしまった。オンラインという新たなツールを手に入れたので、それで何度かインタビューなどは行ったが、もどかしさはやはり拭えなかった。

一方、長く、と書いたのは、この間、デンマークや北欧に関する書籍や論文が、多く刊行されたことが念頭にある。そもそも社会的にも、「ヒュッゲ」という言葉が流行しテレビ番組で取り上げられたり、デンマークの生活に関する書籍が公刊されたりなどのことがあったようである。

デンマークの教育に関する論文や本も多く見られるようになったが、論文についてはそれこそ枚挙にいとまがないので、ここでは私たちに大いに参考になった本を三冊だけ紹介しておきたい。

まず、豊泉周治『幸福のための社会学——日本とデンマークの間』（はるか書房、２０２１年）である。社会学者の豊泉はこれまでもデンマークの労働政策などについて重厚な考察を積み重ねてきたが、この本では日本の青年期と比較しながら、デンマークが目指す「架橋する社会」を考察していて、私たちの問題意識からみても大変参考になった。

次に、原田亜紀子『デンマークのシティズンシップ教育——ユースカウンシルにおける若者の政治参加』（慶応大学出版会、２０２２年）がある。原田はデンマークの若者の政治参加について一貫して研究を続けているが、この書はその集大成である。デンマーク社会の特徴のひとつにユーザーズ・デモクラシーがあり、学校などにおける参加の経験がその背景にあることは私たちも注目してきた。例えば国民学校でも生徒会の代表が理事会に入り、しかも実際に学校だけでなく自治体へも自分たちの要求を伝えに行っていることは、前著で紹介した通りである。これらの経験がデンマークの民主主義の基礎にあるのだと思う。特に、私たちの今回の本では、障害者の当事者や保護者の団体への調査を行ったが、それらの団体の要求が政策に反映されていることもそのようなバックグラウンドがあってのことであろう。

最後に、坂口緑・佐藤裕紀・原田亜紀子・原義彦・和気尚美『デンマーク式生涯学習社会の仕組み』（ミツイパブリッシング、２０２２年）がある。教育学、社会教育学の研究者がデンマークの教育について紹介した本で、社会教育については私たちの問題意識にあまりない部分なので新鮮だったが、学校教育について述べた部分についても共感するところが多かった。特に、デンマークの教育制度を「自分の道を自分で選べるオーダーメイド型」としたことは、社会教育学者らしい発想だし、私たちの実感にも近く、実に的を射たものと感じた。

さて、それでは今回私たちが出版するこの本についてである。前著の執筆者のうち、谷雅泰（教育学）、青木真理（臨床心理学）、髙橋純一（特別支援教育）が今回も執筆に加わった。さらに、新しいメンバーとして石川弘美に執筆してもらった。本文中で詳しく触れられるが、石川は障害のある息子さんの子育てを通し、当事者として障害者をめぐる社会の問題に向き合ってきた。今回その視点から、日本と比較する形でデンマークを見て感じたことを書いてほしいと考えた。デンマークを訪問することも、このような本を執筆することも石川にとってははじめてのことだったが、最初に石川と知り合った髙橋の無茶振りにもめげず、最後まで付き合ってくださった石川さんには心から感謝したい。おかげで研究者3名で書くものよりも、ずっと深みが増したと自画自賛している。

なお、本書は全体としては「だ・である」体で通したが、石川の表現のしやすさを考えて、その執筆部分だけは無理に統一せず、「です・ます」体とした。それも「味」としてみていただければさいわいである。

本書により、デンマークの若者支援の在り方がいくらかでも日本で参考にされるようになれば、著者としてこれにまさるよろこびはない。

第１章

デンマーク教育改革・再考

谷　雅泰

第１節　２０１５年国民学校改革について

２０１７年に発刊された私たちの前著を企画したきっかけは、２０１５年の８月に行われた国民学校改革であった。書名に「転換期」と入れたことには、この改革に対する私たちの「姿勢」のようなものが表れていたように思う。デンマークの学校を訪れ、若者と交流して、「ゆっくりとした育ち」を保障している点を評価していた私たちには、この国においてさえ、「学力」を焦点とする改革が行われることになったのか、という思いがあったのである。

しかし一方で、この改革が後述する職業10年生クラス（ＥＵＤ10）の創設とセットであることについても述べていた。この新しく創設されたクラスは、ふたつの側面をもっていたと考えることができる。ひとつは、半数強の義務教育修了者が次のステップに進む前に経験する10年生クラスを非効率なものとみて、そこに特別な機能をもたせようという側面。そしてもうひとつは、少子化などの中で労働力不足が予測される中、労働者を確保しようとする職業教育・訓練の改革の一部である、という側面である。後者は、この後の第4章などで触れる新しい改革とも関連する。いずれにしても、前著の刊行時点で、改革は始まったところであり、ＥＵＤ10もまだ立ち上がったばかりであった。

本章では、特にデンマーク語と数学の学力について問題とされた改革の結果について、実施後数年を経た現在の時点で評価した上で、ＥＵＤ10の現在についてレポートする。また、並行して行われてきた若者支援の制度の改革についても現在の状況を報告する。

ＰＩＳＡの結果を見る

２０００年以来、３年に一度行われているＰＩＳＡ（Programme for International Student Assessment　ＯＥＣＤ生徒の学力到達度調査）のデンマークの結果がＯＥＣＤの平均にとどまっていることを理由に、授業時間数の大幅な増加によりその向上を目指したのが２０１５年の改革の眼目であった。その詳細については前著で述べたのでそちらを参照していただくこととして、その結果、学力は向上したのだろうか。ＰＩＳＡの結果については、２０１６年の論考で佐藤裕紀は２０１２年の結果までを紹介した上で、「成績が向上しなかった」(1)と分析している。デンマーク語の授業時間数の増加など、佐藤が丁寧に紹介している２００６年以降続いてきた改革の帰結の評価としては妥当ではあるものの、２０１５年の国民学校改革の成果としては、その後の結果が気になるところである。

ＰＩＳＡは15歳の生徒を対象に行われるもので、現在２０２２年の調査までの結果が公表されている。２０２２年に義務教育を修了してこの調査に応じた生徒は、国民学校３年生が始まる時点で国民学校改革を経験したことになる。国民学校９年間まるごと、改革後のカリキュラムを経験した生徒の結果については、次の調査の結果を待つしかないが、今回の結果についても、改革の影響を大きく反映しているはずだと考えてよいだろう。

ちなみに、日本では２０００年の初回調査結果の公表が、いわゆる「ゆとり教育」と言われた学習指導要領の実施（２００２年）をめぐる議論の時期と重なったこともあって、その順位が大きく注目されてきた。ここでは詳細は省くが、一時期、特に読解力がＯＥＣＤ加盟国の中位程度にとどまるなど「低迷」していたところから盛り返し、２０２２年調査では、数学的リテラシーがＯＥＣＤ加盟国中１位／全参加国・地域中５位、読解力同じく２位・３位、科学的リテラシー同じく１位・２位と３分野すべてにおいて世界トップレベルであると文部科学省・国立政策研究所は分析している。(2)その背景に、コロナ禍による休校期間が比較的短かったこともあるとも分析されているが、それだけではなく、ＰＩＳＡ型学力への対応、教師ら現場の努力があることは間違いない。

一方で、言語学者のチョムスキーら世界的に有名な学者が２０１４年にＰＩＳＡの責任者であるシュライヒャーに対し書簡を送ったように、[3] 偏った尺度で「順位づけ」を行う方法に批判があることも事実である。

それでは、いよいよデンマークのＰＩＳＡの成績をみてみよう。**表1-1**は、（ＯＥＣＤ加盟国中ではなく）参加国・地域の中の順位を、数学的リテラシー、読解力、科学的リテラシーそれぞれについて示したものである。ＯＥＣＤ参加国は37ヵ国、２０００年の調査開始時は20ヵ国であったのが徐々に増加している。参加国・地域も同様で、81ヵ国・地域になっている。また、アジアの非加盟国・地域（北京、シンガポール、マカオ、香港など）が上位に並ぶ傾向があることも順位に影響がある。そこで順位だけでなく、ＯＥＣＤ平均との点数の差も括弧の中に示しておいた。

これを見ると、２０１２年までは、数学的リテラシーはまずまずだったものの、読解力と科学的リテラシーについては（統計的に有意差はないものの）ＯＥＣＤ平均を下回ることの方が多かった。２０１２年がいわば「底」で、その後上昇に転じ、２０１５年の調査結果ではＯＥＣＤ平均をそれぞれ上回っていて、２０１８年の科学的リテラシーは少し下がっているものの、２０１８年、２０２２年もほぼその成績を維持している。

特に教育改革の中で力を入れていたデンマーク語と数学については、読解力と数学的リテラシーの成績向上につながっているとみてよいようだ。日本と比較すると、日本の方がよい成績を残しているものの、２０１８年の読解力はわずか3点差で統計的な有意差はなく、同水準であると言ってよい。もっとも、２０１５年調査では筆記型調査からコンピュータ使用型調査に移行しており、日本ではまだコンピュータの使用に生徒が慣れておらず、成績の低下に影響したとみられている。デンマークは「デジタル先進国」で、早くから

表1-1　参加国中のデンマークの順位（OECD平均との点数の差）

	2003	2006	2009	2012	2015	2018	2022
数学的リテラシー	15位（14）	15位（15）	19位（7）	22位（6）	12位（21）	13位（20）	13位（17）
読解力	16位（▲3）＊	19位（▲5）＊	24位（2）＊	25位（0）＊	18位（7）	18位（14）	15位（13）
科学的リテラシー		24位（▲4）＊	26位（▲2）＊	27位（▲3）＊	21位（9）	25位（4）	20位（9）

＊はOECD平均と有意差がない結果

国立教育研究所「OECD生徒の学習到達度調査（PISA）」各年度版をもとに筆者作成

ICT教育が行われており、試験の機会の全体数は日本ほど多くないもののコンピュータ使用型テストには慣れていたと思われることは好条件として働いたのかもしれない。

以上、デンマークの調査結果を経年で見ると、2015年にやや上昇に転じ、2018年、2022年とほぼそれを維持しているとみてよいだろう。2015年は同年8月に実施された改革の前の実施であるから、改革の結果とみることはできず、その意味では改革の目的が達成されたと単純に述べるわけにはいかないが、デンマーク語と数学の学力を上げるという目標はある程度達成されたとみてよい。

その上で、前著においてもこの後述べるEUD10に関連して指摘したことであったが、デンマーク語と数学について、最低限の力をつけずに義務教育期間を終了する生徒がいることが、改革の動機であったことからすれば、学力差がどのようになっているかを検証することは重要である。

パフォーマンスの高い生徒（6レベルに分けたうち、5と6）と低い生徒（同じく1と2）の割合が、デンマークについて明らかにされているので、それを紹介してみる。[4] 読解力について、２０００年から２０１８年まで、ＯＥＣＤ平均とデンマークの数字をグラフ化したものが公開されている。それを見ると、まず高い生徒について、２０００年には８・６％で、ＯＥＣＤ平均をわずかに下回っていたが、徐々に下がり、２００９年には４・７％となった。その後、上昇し、２０１８年には８・４％と、ＯＥＣＤ平均とほぼ同じになっている。低い生徒については、２０００年にはＯＥＣＤ平均と同水準の18％程度であったが、その後、平均は上昇して２０１８年に24％ほどになった一方、デンマークについては低下基調で２０１８年には16％程度になっている。

また、同じく、高い生徒と低い生徒について２０２２年については次のような数字になっている。(5) まず高い生徒の割合を、デンマーク（ＯＥＣＤ平均）の形で示すと、数学的リテラシーが８％（９％）、読解力が６％（７％）、科学的リテラシーは７％（７％）と、こちらはほぼ変わらない。それに対して、低い生徒は、数学的リテラシー20％（31％）、読解力19％（26％）、科学的リテラシー19％（24％）であり、ＯＥＣＤ平均に比べて、かなり低い数字になっている。読解力については２０１８年の数値に比べて高くなっているところが気になるところではあるが、平均も同じくらい上昇しているので、ほぼ同じ水準とみてよいだろう。以上、パフォーマンスの高い生徒の割合は平均並みだが、パフォーマンスの低い生徒についてはかなり少ないとみてよい。ヨーロッパ諸国の場合、このことには移民政策が大きく影響することは間違いなく、デンマークの場合この時期移民がデンマーク語を身につけることを強制する政策をとっていたことなども影響すると思われるので、それらについても分析が必要だ。しかしともかく、前著でも述べたように、デンマークの教育改革で学力が問題とされるとき、デンマーク語と数学について最低限の力が身についていない生徒の数を減らす、ということが目標とされていたこととの関係で言えば、それには成功している、とみてよいだろう。

第2節　EUD10について

国民学校法改正のもうひとつの側面

２０１５年８月の国民学校改革は２０１４年６月の国民学校法改正によるものであったが、このときの改正では２０１６年８月実施のもうひとつ大きな改革が行われていた。それが職業教育10年生クラス（EUD10）の新設である。

デンマークでは０年生から９年生の10年間が義務教育だが、義務教育修了後、後期中等教育に進学する前に、それぞれの生徒の個性や希望によって１年間のいろいろな教育機関に在学することが多い。国民学校に付設の10年生クラスもあれば、エフタスコーレ（私立の全寮制の学校）もそうであり、また日本で以前から注目されることの多かった生産学校も、25歳までのいろいろな経歴の人が学ぶことができるが、基本的に１年間の課程であり、９年生終了後すぐに入学した場合は同じような機能を果たしていたと言えよう。デンマークで聞き取り調査をしていくと、主に現場の実践者からの批判として、「政治家たちは効率が悪いとして10年生クラスをできるだけなくそうとしている」という声を聴くことが多かった。しかし、エフタスコーレに進学する生徒はこの間増加しており、それも含めて９年生卒業後次のステップに進む前に、１年間の学びを挟む生徒が約半数にのぼる。(6)

一方、前世紀の終わり頃から、後期中等教育からのドロップアウトが多いことが問題となっていた。そこで、政府は２０１５年には95％が後期中等教育を終える、という政治目標をたて、教育改革やガイダンス制度の改革を進めてきた。すべての人材を活用するために少しでも労働力としての価値を高めようとする政策は、北欧の特徴である大学などでのリカレント教育やデンマークやオランダの特徴として見られるフレキシキュリティ政策なども関係が深い事項であり、全体として理解する必要があるが、それは筆者の能力を超えている。ただ、日本でも一時期、労働力の流動化を目指してフレキシキュリティが喧伝されることがあったが、フレキシキュリティは解雇規制が緩められる一方で、手厚い社会保障や再教育の機会が与えられるなどの条件の上に成り立っていることをみないと、日本で安易に模倣すれば容易に「自己責任論」に絡めとられてしまう事態に陥る危険性がある。

ＥＵＤ10の発足

ＥＵＤ10を新設した国民学校法改正の内容を簡単にみてみよう。まず、国民学校における10年生クラスの規定は、第２章（９年生までの規定）と第３章（学校規則）の間の第２章ａ（10年生クラスの構成と内容）に記載されていて、第19条ａから第19条ｊまでの10条が置かれている。この第２章ａが置かれたのが２０１４年の改正であり、ここにおいてはじめて通常の10年生クラスが法定化されたのである。その中で通常の10年生クラスに加えて、ＥＵＤ10についても規定されている、以下、その内容について述べる。

ＥＵＤ10は、９年生終了後、職業教育・訓練に関心をもちながら入学資格をもたない生徒や、進路決定についてて確信をもてない生徒のためのクラスであり、年間８４０時間以上の授業時数が必要である。入学の対象となるのは、デンマーク語と数学で02の成績を満たせず、学びへのレディネスが不足している場合である。02というのは、デンマークの7ポイント制で7段階の真ん中の４（ふつう）の下で、「基準を満たしている」であり、それを満たしていないということは、７つのポイントのうちの下ふたつに該当していることになる。９年生の修了試験で下ふたつの評価だと職業教育・訓練に進めないので、ここで1年間学び、10年修了で再度トライするのである。

授業時間数８４０時間以上というのは、通常の10年生クラスと同じであるが、その内訳は、ＥＵＤ10ではまずその半数が必修としてデンマーク語、数学、英語の授業にあてられる。また読解に問題がある生徒には読解の授業が行われる。必修部分にはそれ以外に「橋渡し的要素」があり、通常のクラスの場合は上級の学校での経験が想定されるが、ＥＵＤ10については青少年向け職業教育・訓練が１２６時間行われることになっている。

授業時間の半数は選択科目となるが、ＥＵＤ10の場合はそのうちの２９４時間が職業教育への導入部分となる。残り１２６時間は選択科目の授業である。必修部分と選択部分の職業教育関係のコンテンツは、合計４２０時間であるから、全授業時間の半分が職業教育関係、残りがデンマーク語と数学を中心とした座学、となっている。実際、発足当時に筆者らが訪問したＥＵＤ10では、曜日を決めていつも通うクラスとは別の場で行われる職業訓練（そのケースの場合はバイクの修理）に参加するとのことだった。

ＥＵＤ10の現在

２０１６年に始まったＥＵＤ10はその後、定着しているのだろうか。２０２０年代に入り、コロナ禍のために現地調査ができない時期が続いた。少しでも研究を進めようと、リモートでカーステン・ボトカー氏（第８章参照）にインタビューを試みた。(7)

ＥＵＤ10に、どのくらいの生徒が通っているのだろうか。質問に対し、氏はＥＵＤ10に通う生徒はほんの一握りだという。10年生は半数ほどの生徒が経験するのだが、職業教育のコースより高校への進学を希望するケースが多く、エフタスコーレや通常の10年生クラスを選択しがちだ、ということである。

海外出張も可能になった２０２３年９月、現地調査を行った際のひとつの重点は、このＥＵＤ10であった。が、結論から述べれば、カーステン氏の言葉は本当だった。

例えば、第２章で述べるが、ホイエ・ターストルップ市のＫＵＩ（次節参照）の責任者にインタビューしたとき、区内の状況を質問したが、ＥＵＤ10はない、ということだった。この区はコペンハーゲンの西部近郊に位置し、新興の住宅地や工業・商業地として現在開発が進んでいる模様で、移民も多い。その翌日の夜、国民学校を卒業する生徒（９年生と10年生）と保護者を対象とした進路に関する集いがあり、自分が主催するが、興味があれば来るか、と誘われたので、のぞきに行ってみた。高校や職業学校などの教育機関、警察や民間企業などの就職先などが、ブースを設けたり、教室を使ったりしてアピールしていて、体育館兼公民館のような施設がいっぱいとなる盛況ぶりだった。10年生クラスの説明をのぞいてみたところ、生徒と保護者で教室が満杯であったが、スライドで楽しそうな活動の内容を見る限り、魅力的なカリキュラムに映ったものの、それらはＥＵＤ10という形ではないらしい。

それでは、どこにも全くないのかというとそうではなく、カーステン氏のコーディネートで私たちはSOSU Hという教育機関を2023年9月18日に訪問することができた。

そこは、ソーシャル・ヘルスケアに関わるヘルパー・アシスタント、ペダゴー・アシスタントを養成する職業教育・訓練のためのデンマーク最大の機関で、毎年2千人以上の学生が在学している。4つのメインコースがあり、ソーシャル・ヘルスケアヘルパー養成は1年2ヵ月、ソーシャル・ヘルスケアアシスタント養成は2年9ヵ月3週間、ペダゴー・アシスタント養成は2年1ヵ月2週間と、それぞれ期間も異なっている。ソーシャル・ヘルスケアは福祉や医療の現場で利用者の支援的業務を行う職のようであり、日本で言えば看護助手やヘルパーなどに近い職種のようだ。ペダゴーは、学校や学童保育の場で子ども支援を行う職で、教師とは違い授業は行わないが、重要な専門職である。ここでは、そのアシスタントを養成している。以上三つのコースの他に、それらの養成を行うと同時に、高校卒の資格も得られ、大学への進学が可能になるより長いコースもあるということだった。

さて、それらのメインコースに進学する前に学ぶ基礎コースがあるのだが、それもいくつかのコースに分かれている。基礎コース1と2（各20週、およそ半年）、および場合によっては1と2の間の基礎コースプラス（10週）があるが、どのメインコースで学ぶかがはっきりしている場合は基礎コース2から始め、それが明瞭でなければ基礎コース1で学んでから、基礎コースプラス、あるいは基礎コース2と進学していく。直線的なひとつのコースに沿って進むのではなく、個々の生徒のレディネスや希望を見極めながら進む道筋を決めていくというきわめてデンマーク的な仕組みである。そしてそこに、EUD10が加わる。この学校の中にその教室があった。

国民学校９年生のときに、本人と後述するＫＵＩから派遣されるカウンセラー、保護者で面談を行い、進学先を決める。この学校に来るとすれば、基礎コース１か２、あるいはその前のＥＵＤ10のどこにするかを選択することになる。しかも、ＥＵＤ10には、ＥＵＤ10に１年間在籍するコースと、20／20のコースがある。後者は、半年間（20週間）、10年生クラスで学び、後半の半年間は基礎コース１として学ぶ。後者はその後、基礎コース２に進む。

年間の前半はその二つのコースの学生は一緒に学ぶ。２０２３年度の新学年が８月に始まったばかりの時期に調査で訪問したのだが、その年度の生徒数を聞くと、ＥＵＤ10が36名、20／20が６名、同じクラスで学ぶので、計42名ということであった。

放課後だったが、教室を訪問させてもらった。壁に貼られた時間割を見ると、デンマーク語とアクティビティが中心であることがわかる。デンマーク語で教会を意味するkirkeという単語を見つけたので、国民学校と同じく宗教教育をするのかな、と思い、ムスリムはどうするのか、と質問したら、文学と同じで宗教的な題材を取り上げるだけで、宗教教育はしない、という回答が返ってきた。

教室の前のソファでおしゃべりに夢中の５、６人の女子生徒（３人はヒジャブ着用のムスリム）のうち、おそらく先生に促されてであろう、３人が教室に入ってきて、私たちに話をしてくれた。この学校の印象について聞くと、友達も、先生も、学校も大好き、という言葉が異口同音に返ってきた。国民学校のときも学校は好きだった?との質問には、大嫌いだった、と即答する生徒もいた。その生徒はどうやら国民学校時代に恋愛をめぐっていやな経験をしたようで、その対応をめぐっても学校がいやになったようだ。でもこの学校は大好きだ、と顔を輝かせて話してくれた。入学して１ヵ月にならない時期であったことを差し引いても、この学校が性に合っているのだろう。座学よりも体を動かすことが得意だ、などの個性に合っている感じがした。

少子化傾向にあることはデンマークも日本と同じで、様々な職種の人手不足が懸念される中、効率的な職業教育の仕組みがつくられてきていて、人材を有効活用する政策をとろうとしている。この後に述べる移行支援の仕組みもあわせ、デンマークでは試行錯誤が続いている。ＥＵＤ10という新しい制度もそのための仕組みとしては有効に思えたし、生徒からも肯定的な反応を聞けたのだが、必ずしも広がりを示しているようでないのは残念だ。

第3節　若者の移行支援の仕組みの改革

教育改革の目的として、貴重な人材を労働力として活用するための職業教育・訓練を充実させることがあることは、述べた通りである。第4章で詳述するＦＧＵの創設などもその流れの中にある。多くの選択肢の中からどのように選び取っていくか、ということが大きな課題となるが、そのために若者教育ガイダンスセンター（ＵＵ）が重要な役割を果たしていることは前著でも強調した。ところが、前著を公刊した後に、Ｕ

Ｕは廃止され、新しくＫＵＩという組織がつくられた。

以下、法制度的な観点から、どのような改革が行われたのかを紹介する。２０２３年に実際にある区のＫＵＩを訪問し、そこの責任者にインタビューを行ったが、そのインタビューをもとに現在のＫＵＩがどのように運営されているかについては、第2章で述べる。

ＵＵの創設と廃止

ＥＵＤ10も含め、デンマークの後期中等教育は様々な種類の高校、職業教育・訓練機関に分かれていて、画一的な制度に慣れた日本人にはなかなか理解がむつかしい。しかし、一人ひとりの個性に合わせた学びをデザインしていく仕組みなのだと考えれば、納得できる。そのときに重要なのは、ガイダンスカウンセラーの存在である。

２００４年、若者教育ガイダンスセンター（Ungdomens Uddannelsesvejledning Centre　以下ＵＵ）が設置され、それまで国民学校に所属していたガイダンスカウンセラーをＵＵの所属とし、そこから学校へ出向く形とする改革が行われた。同時に、カウンセラーの資格についても厳格化されている。背景には後期中等教育からのドロップアウトが多く、16歳から25歳までの80％程度しか後期中等教育（職業教育・訓練を含む）を修了していないという問題があった。政府はこの数値を２０１５年までに95％まで上昇させるという目標を掲げ、一連の改革に着手したのである。センターに、ログブック（教育日誌）、個別教育計画などの記録を累積し、25歳までの支援が必要な人、就職も就学もしておらず、後期中等教育を終えていない対象者について関係を保っていくことが、ＵＵの職責であった。

そのＵＵが、２０１９年８月に廃止され、その機能は新たな組織に引き継がれることになった。それがＫＵＩである。

ＫＵＩの発足

ＫＵＩは Koordinneret Sammenhængende Ungeindsats の略称である。まだ始まったばかりで日本での定訳がないが、直訳を試みるならば、「若者のための機能をひとまとめに配置する」もの、となるだろうか。筆者らが最初にその構想を知ったのは、２０１７年、当時西地区若者教育ガイダンスセンターの責任者であったカーステン氏を日本に招いて行ったシンポジウムのときであったが[8]、そのときに説明されたのは、問題を抱える若者は、教育や就労、およびその架橋に関わるキャリアガイダンスだけでなく、福祉（年金や住まい）、医療（依存症の治療など含む）など行政のいろいろな分野と関わりをもつ必要がある。そこで、同じ青年があちこちの窓口に行かなくてもいいように、ワンストップのサービスが行えるようにするための改革を行うのだ、ということだった。そのときは「多面的なユース（若者）ユニット」という構想として説明され、若者がそこに行けば、様々な問題をもっている人のどういう問題も解決できるようにしたい、と氏は語っていた。

若者教育ガイダンスセンターを廃止して置かれたこのユニットは、市（コムーネ・基礎自治体）に置かれＫＵＩとなった。若者教育ガイダンスセンターは複数の市を管轄することがあったから[9]、利用者から見ればより身近になったということもできるだろう。

私たちの研究グループは、２０１９年にもカーステン氏を訪問して、たまたま西地区若者教育ガイダンス

センターの最後の日に立ち会うこととなり、また、氏の新しい職場であるロドヴァ若者センターも訪ねた。(10)

同センターは、もうひとつのオフィスであるユースユニットとともにKUIを構成している。センターは義務教育と10年生までの生徒を対象とし、個別教育計画を作成し、国民学校のキャリアカウンセリング、非行防止のための警察との連携（ただし、これはKUIの外にあって連携）、心理的評価、STU（障害のある生徒の就学支援、第６章参照）などを担当する。ユニットはその後の段階の若者を担当し、センターから個別教育計画を引き継ぎ、ガイダンス部門のカウンセラーが対応し、ドロップアウト予防その他、医療や福祉、就業に関するサポートを行う。

改革の成否

UUからKUIへの改革はどのように評価すべきなのだろうか。それを考える前に、２００４年にUUが置かれると同時に施行され、その後、最近では２０２２年10月の改正まで、幾度もの修正を加えられてきた「25歳未満の若者に対する市の取り組みに関する法律」（Lov om kommunal indsats for unge under 25 år）を確認してみたい。KUI発足はこの法律の改正によるものである。改正の目立った特徴だけ記せば、現行法では、例えば市の様々な部局の支援が必要な場合、一人の「コンタクトパーソン」を定めるとしている。これは先に述べた、「ワンストップ型」の仕組みを具現化したものとみてよいだろう。また、市の職務と権限が大きくなっていることも見て取れる。例えば、９年生と10年生の後期中等教育への進学の目標数値を、職業教育・訓練と高校に分けて設定すること、目標数値と実数を市のホームページで公表すること、職業教育・訓練への希望が全体の10％を下回る場合には、その率を高めるための行動計画を作成すること、が市に義務づけられている。様々な職種の職業人が不足することが予測されているのに、アカデミックなコースである高校への進学希望者に比べて職業教育・訓練の希望者が少ないことはデンマークの社会が抱える課題であり、それに対する有効な手立ての模索とみることができる。また、先に述べた生徒ごと、若者ごとの個別教育計画とは別に、25歳未満のすべての若者の青年教育や雇用、社会的取り組みの調整を目的とした総括的な計画を作成し、公開すること、実際の進捗状況を評価することも市の責務とされている。

市が教育と雇用の橋渡しを含む若者施策に一連の総括的な責務を負うこの方法は、やりようによっては効果を生むのではないかと思われる。２０１９年の改革から3年たった22年末の時点で、その効果について尋ねてみた。[11] カーステン氏によれば、うまくいっている例も1、２の市であるようだが、全体としてみればうまくいっていない。それは、そもそもの動機が、市の外に置かれていたキャリアガイダンスの機能を市の中に取り込みたいという、市の政治家たちの思惑にあるからだ、ということであった。氏のようなキャリアガイダンスカウンセラーの視点から見れば、それまでは独立性を保てていたのに、市の組織の中に組み込まれ、ＫＵＩのもとにおかれる不便さもあるだろう。それらの点が実際どうなのか、うまくいっているという事例の検証として、現在の状況については第2章をご覧いただきたい。

第1章　注

（1）佐藤裕紀「デンマークの教育政策動向」『日本教育政策学会年報』第23号、２０１６年。
（2）「ＯＥＣＤ生徒の学習到達度調査――ＰＩＳＡ２０２２のポイント」文部科学省・国立政策研究所、令和5年12月5日。
（3）「学習到達度調査『偏った尺度で測定』――学者らＯＥＣＤに文書」『日本経済新聞』２０１４年5月31日付。

（４）Vibeke Tornhøj Christensen PISA 2018 A Summery of the Danish Result
（５）OECD PISA 2022 Results Factsheets Denmark
（６）エフタスコーレには、８年生段階や９年生段階から在学することも多い。「はじめに」でも触れた、坂口緑・佐藤裕紀・原田亜希子・原義彦・和気尚美『デンマーク式生涯学習社会の仕組み』（ミツイパブリッシング、２０２２年）の中でも10年生クラスやエフタスコーレ、また後述する若者の移行支援などについて詳しく触れられている。
（７）元西地区若者教育ガイダンスセンター所長（当時）Carsten Bøtker 氏への聞き取り。２０２２年12月15日、リモートで実施。氏については第８章参照。なお、カーステンはファーストネームだが、今までそう呼んできたこともあり、姓ではなくカーステン氏と記すことをお許しいただきたい。
（８）青木真理・谷雅泰・五十嵐敦・野口時子「みんなが活躍できる社会をどう構想するか――デンマークに学ぶ」『福島大学地域創造』第30巻第２号、２０１９年２月。
（９）例えばカーステン氏の西地区センターはコペンハーゲン近郊の都市部であることもあり、５つの市を管轄していた。若者教育ガイダンスセンターは98市に対し56ヵ所設置されていた。２００４年にセンターが置かれ、国民学校に所属していたカウンセラーがセンターに集約されたことについて、私たちのインタビューに応じてくれた学校関係者からは、それまでは学校が卒業生の進路について面倒をみていたのに、それができなくなるのは反対だ、という声がしばしば聞かれた。この度の再改革は学校に戻すわけではないが、市ごとにある窓口の方が、利用者からすればより身近にあると言える。
（10）このときに訪問したロドヴァ市のＫＵＩとその中に包摂されている若者センターについて、詳しくは青木真理・谷雅泰「デンマークの若者支援の新しい制度――ＫＵＩについて」『福島大学人間発達文化学類附属学校臨床支援センター紀要』第２号、２０２０年。
（11）（７）に同じ。

（本稿は、谷雅泰「デンマークの教育政策動向――義務教育後の職業訓練教育への橋渡しを中心に」『日本教育政策学会年報』第30号、２０２３年、に大幅な加筆修正を加えたものである）

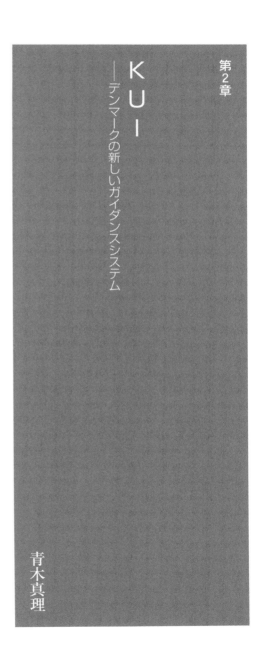

第2章
ＫＵＩ
――デンマークの新しいガイダンスシステム

青木真理

第1節　キャリアガイダンス

デンマークは、すべての若者のキャリア選択を支援するガイダンスに注力してきた。それは、デンマークにおける人材育成の基本に、すべての人が能力を十全に生かして社会に参加することを据えているということである。

筆者らは、２０００年代の半ばからデンマークに通い、デンマークの教育ならびに若者支援に関する聞き取り調査を行ってきたが、そのデンマーク通いの20年は、ちょうど、ガイダンス制度の構築と修正の期間にあたっていた。前章でも述べた若者教育ガイダンスセンター・ＵＵは若者のキャリア選択支援のために２００４年の法律改正でつくられた新しい組織であった。１９９０年代半ばに多くのドロップアウトした若者が生じたことを重く見た政府は、国民学校の教員に研修機会を与えてガイダンスを行うことのできる教員を養成していたが、ガイダンスの質向上を主たる目的として、ＵＵが設立されることになった。ＵＵは広域を管轄し、管轄区域内の学校にガイダンスカウンセラーを派遣する。筆者らはコペンハーゲン西地区若者教育ガイダンスセンター（ＵＵ　Vestegnen）長（当時）、カーステン・ボトカー氏（以下、親しみを込めてカーステンと呼ぶことにする）をたびたび訪問し、そのセンターの活動について調査を行った。そのことについては前著に述べている。ところが、２０１５年までに後期中等教育（青年期教育）修了者を95％まで押し上げるという政府の数値目標が達成されなかったことを背景として、再び大きな改革が行われ、ＵＵは廃止され、ＫＵＩ（Koordinneret Sammenhængende Ungeindsats）という、若者支援を統括する新しい仕組みがつくられることになった。これは、関連する若者サポートを統合したもの、という意味である。英語では、Youth Unit と訳されている。ＵＵが廃止されたと言ってももちろん、ガイダンスそのものが廃止されたのではなく、複数の市をまとめた広域を管轄するＵＵが廃止され、各市の中にＫＵＩがつくられ、ガイダンスはその中のひとつの機能と位置づけられることになったのである。ただ、訪問調査をする中でわかったことだが、ＫＵＩの運営の在り方についての統一されたモデルはなく、各市間の差異が大きい。

２０１７年にカーステンを福島大学に招いて行った講演会でカーステンはすでに、ＫＵＩ新構想が進行中であることに触れていた。カーステンは次のように語っていた[1]（英語による講演で、筆者が日本語訳をしたもの）。

実はガイダンスセンターは組織替えが計画されており、ユースユニット（Youth Unit）というものになろうとしています。まだ本決まりではないですが、もし私のセンターがユースユニットに代わることになり、私がその所長になるとすれば、ユースユニットはソーシャルワーカーやサイコロジストといった様々な職種の人たちで構成され、どんな問題をもっている人も、そこに行けばどんな問題でも解決できるというものにしたいと思います。

図2-1は、カーステンが講演で用いたスライド資料を日本語訳したものである。この講演では、各市にユースユニットが置かれ、市が、25歳未満のすべての若者の教育と就労についての責任をもつ、すなわち、すべての若者に対し、青年期教育を修了、または就労できるように準備をさせるということ、個々の市がすでに行ってきた教育、就労、ソーシャルワークといったすべての若者支援事業を統合するということが説明された。さらに、将来的に、若者が助力を必要とするときは、たったひとつの窓口を訪ねればよいようにする、つまりワンストップ支援を実現したいともカーステンは語った。「若者の便宜中心」で、「複雑な組織でなく、よりシンプルな制度をつくりたい」という表現もなされた。

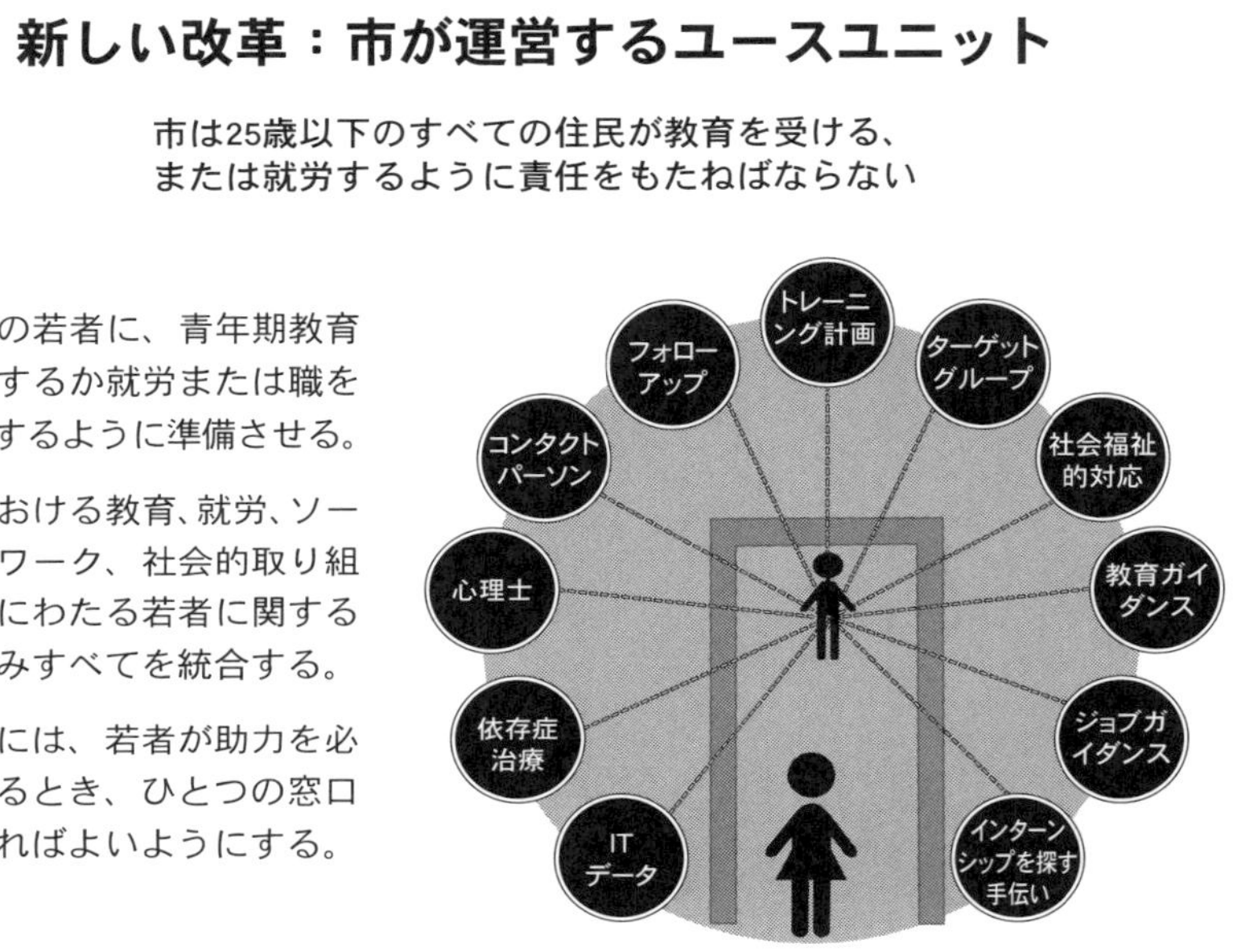
市は25歳以下のすべての住民が教育を受ける、
または就労するように責任をもたねばならない
– すべての若者に、青年期教育を修了するか就労または職を得るかするように準備させる。
– 各市における教育、就労、ソーシャルワーク、社会的取り組み全域にわたる若者に関する取り組みすべてを統合する。
– 将来的には、若者が助力を必要とするとき、ひとつの窓口を訪ねればよいようにする。

図2-1　市が運営するユースユニット

この構想では、UUが複数の市をカバーするものであったのに対し、市が責任の主体となる点が違う。また、全く新しいものをつくりだすのではなく、既存の施策、事業、組織を再体制化する試みである。いわば低予算でより対費用効果の高い仕組みをつくろうというものである。かつ、利用者の便宜が中心に据えられていることが特徴的である。さらに、利用者にとって必要な支援の間の連携が継時的に切れ目なく行われること（例えば国民学校での支援と修了後の支援）、支援の横のつながりがつくられること（様々な支援リソースをひとつのドアがつなぐ）が重視されている。

このように語っていたカーステンであったが、UUが廃止され、KUI実現に向けてのスタートが切られたとき、カーステンがユースユニットの長になるのではなく、西地区の市のひとつであるロドヴァ市のガイダンス部門長を担当することになった。これはユースユニットの中の部門のひとつを担当するということを意味する。

ＫＵＩ設立に向けてスタートが切られた２０１９年の8月末に筆者らはカーステンの新しい職場であるロドヴァ若者センターを訪ね、カーステンと彼の新しい同僚たちにインタビュー調査を行った。その時点ではまだＫＵＩは緒についたばかりであった。

翌年より世界的な新型コロナウイルス感染拡大が始まり、筆者らはしばらくデンマークでの訪問調査ができなくなってしまった。そこでオンラインでカーステンにインタビューを行った（２０２２年3月16日）。そのときカーステンは、ロドヴァ若者センターを退職し、フリーランスで仕事をしていた。ＫＵＩについては、複雑すぎて、成功している市はまだあまりないとの話であった。

その後ようやく感染が沈静化したので２０２３年9月、4年ぶりにデンマークを訪れることができ、カーステンの案内で、ＫＵＩの実践で成功している市を訪問し、その活動についてのインタビューを行うことができた。

本章では、これら3つのインタビューをもとに、ガイダンスセンター廃止後、ＫＵＩがある程度軌道に乗るまでのプロセスを明らかにし、現段階で成功しているＫＵＩが成し遂げた成果および残る課題について整理する。そして新しく始まったＫＵＩを含む若者支援の枠組みと従来の枠組みとの違いを明らかにする。

第2節　2019年秋
──ロドヴァ市の若者センター訪問

2019年8月29日、ロドヴァ（Rødovre）市の若者センター（Ungecenter）を訪問した。ロドヴァ市はコペンハーゲン首都地域（レギオン、広域圏）の中の市である。この若者センターは、若者センター2610（Ungecenter2610）と称される。インタビューに応じてくれたのは、若者センター長のレーネ・マイルン（Lene Mailund）氏、ガイダンス部門長のカーステン・ボトカー（Carsten Bøtker）氏、10年生学校部門長のリーネ・ボルップ（Line Borup）氏の3氏である。インタビュー協力者の語りそのままを記述する際は「　」を用いる。

図2-2に、ロドヴァ若者センターの組織図を示す。インタビューの際、提供された組織図を和訳したものである。このセンターは5つの部門から成る。

放課後スクール

このセンターで最初にできたのは、放課後スクールである。13歳から18歳の若者が放課後（1週間に2時

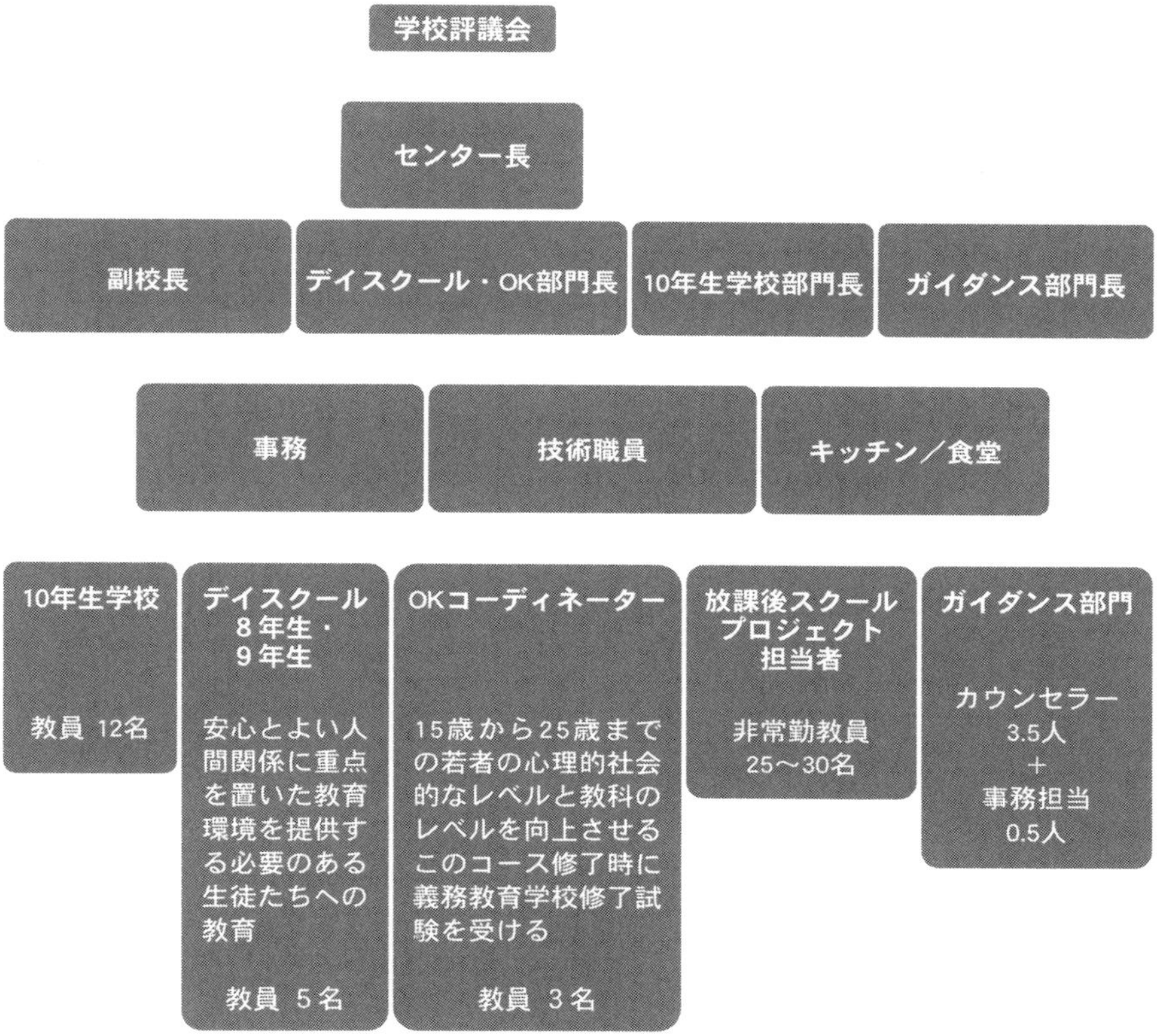

図2-2　ロドヴァ市若者センター組織図

間）通い、中国語、ヨガ、映画、音楽、英語、モーターバイクなど、興味関心に応じて学ぶ。無料である。研修旅行もあり、それには実費を徴収する。これまでに、長期休暇を利用して、ニューヨーク、英国などに行った。冬はオーストリアにスキー旅行に行くこともある。生徒がやりたいことをやるのがこの放課後スクールなので、例えば生徒たちの意見がまとまり、学校評議会にかけて承認されれば日本に行くことも可能である。

活動が様々な分野・領域にわたるため、職員は非常勤で25名から30名くらい雇用されている。

デイスクール

２番目につくられたのがデイスクールである。国民学校８・９年生対象であるが、普通の学校が好きではなく、落ち着いて生活ができないなど、様々な問題を抱えている生徒たちが通う。生徒数は10人で、何らかの特別なニーズをもっている。教員は５名。

10年生学校

３番目につくられたのが10年生学校である。10年生クラスは、以前は市内の各国民学校におかれていたが、２０１５年にそれらが統合されて若者センターに設置された。ただし、居住地域以外の10年生学校を選択してもよいので、91名の生徒のうち40％は他の市から通っている。

次の段階の教育への準備ができていない若者がそれを改善するために1年間通う学校である。通学は毎日で、数学、デンマーク語、英語は必須。選択科目に、スポーツ、アート、料理、数学、選択英語、ソーシャルメディアの使い方などがある。全体で13人の教師がおり、1クラスに2、３人の教師が配置されている。

10年生学校部門長のリーネは、「10年生学校では関係づくりに力を入れている」と強調した。信頼関係が教育のベースになる。そのための実践のひとつとして、生徒と教師は朝8時に集まって朝食をともにする。この習慣は、寄宿型のオルタナティヴスクールのエフタスコーレの伝統を引き継ぐものであり、また同時に、10年生学校は所属期間がわずか1年なので教師は生徒となるべく早く信頼関係をつくりたいと考えてのことである。本センターの10年生学校に通う生徒には、学校や先生が好きではない人たちが多い。そういう人たちと関係をつくるのは容易でなく、教師は子どもの心を開くことに注力する。

秋には異文化を学ぶ研修旅行に出かける。

ガイダンス部門との連携は重要で、生徒は10年生修了後の進路をカウンセラーと話す。彼らに合った選択を実現するためにカウンセリングが大きな役割を果たす。

10年生学校のクラスは2種類あり、ひとつは、普通高校（大学など、高等教育機関への進学を目指す高校）および職業教育学校（TECなど）への進学を目指す生徒のためのクラスで、もうひとつは、発達障害、学校不適応など、特別なニーズをもつ生徒のためのクラスである。

第1章で述べたように、デンマークでは半数の生徒たちが10年生に進学する。その目的は様々で、後期中等教育の学校に進学するにあたって成績を上げてよりレベルの高い学校に進学したいという目的の生徒もいれば、学校が嫌いで成績が振るわないので補充教育が必要な生徒もいる。10年生学校は政治的トピックであり続けていて、より早期の上級学校進学、より早期の社会参加を実現するために、10年学校廃止論を唱える政治家は多いが、レーネセンター長は、「私たちは必要だと考える」と語り、以下の意見を述べた。

「国民学校9年生を終えるときの試験で次の進学に必要な点数をとれる生徒ばかりではないので、そうした生徒への対応が必要です。また、意欲や社会的なスキルの成熟が不十分な生徒も10年生学校の支援対象です。ただ、保護者が子どもを大学に進ませたいと考えてそのために10年生学校に送りこんでくるケースは、子どもにはモチベーションがないことが往々にしてあり、その場合は子どもたちは幸せではありません。生徒の適性を考えれば大学よりも職業教育学校に進んだ方がよいと思われることがあります」

OK

２０１１年に、４番目につくられたのがＯＫである。opkvalificering すなわち低い学歴・資格のレベルを上げるという意味で、その頭文字をとってＯＫと呼んでいる。

すべての市にＯＫをつくる計画であり、本センターのＯＫがデンマーク国内ではじめてつくられたＯＫ(2)である。

15歳以上25歳未満の、義務教育を終えられなかった、つまり能力に何らかの課題を抱える人たちが対象で、ジョブセンター（ユースユニットが置かれた施設）と連携する。ジョブセンターは若者に何らかの新しい挑戦を行うことを条件に、報酬を与え、ジョブセンター利用者はその挑戦の選択肢のひとつとして、ＯＫに来る。

デイスクール、10年生学校、ＯＫに共通すること

これら３つの部門に共通することについて、レーネセンター長は以下のように語った。

「これら３つの学校に来る生徒に共通するのは、生徒たちが学校、教師が嫌いということです。保護者も往々にして学校が好きではありません。生徒の多くは学校に関してよい経験をもっていない。だから、教師は、互いの尊敬と信頼を大切にします。そして教師自身が心を開くことを重んじます。教師であると同時に、人間なのだから、あなたは私を信頼していい、と伝えます。

デイスクールではつい先頃、生徒たちをスウェーデンでの野外活動につれていきました。４日間、広大な森でキャンプ生活をする。料理は焚火でつくるし、カヌーに乗りもする。都会育ちの生徒たちにははじめて

の経験です。テント生活も野外での炊事も経験したことがない。昆虫が怖い、と言い出す生徒もいる。困惑する生徒たちに、教師と技術スタッフは『私たちを信頼して』と伝えました。４日間の野外生活を通じて、生徒たちのバリアが低くなりました。彼らはリラックスし、そして以前よりももっと心を開くようになったのです。

このセンターの教師の態度は、生徒の欠点ではなく、ポテンシャルを見よう、何ができるかを見ようということです。野外キャンプを経験した生徒たちは、それが終わればキャンプのことを忘れて日常生活に戻るでしょう。その生活の中で、また何か困難にぶつかって、学校に行きたくないと言ったら、キャンプに引率した教師はこう言います。『カヌーのときも恐れていたけど、できたでしょ』と」

ガイダンス部門

部門長のカーステンによる説明に基づき述べる。

訪問日の３週間前（２０１９年8月はじめ）にできたばかりの一番新しい部門である。以前の制度のＵＵの機能を踏襲するが、ガイダンスセンターが広域を管轄していたのに対し、このガイダンス部門はロドヴァ市の若者のみを対象とする。カーステンが廃止されるまで長を務めていたコペンハーゲン西地区若者教育ガイダンスセンターは5つの市を管轄しており、ロドヴァ市はその5つのうちのひとつであった。ガイダンスに関しては、分割小規模化が図られた。同じことが、全国で行われている。

ガイダンスは、現在、２ヵ所にふりわけられている。国民学校7年生から10年生までとＳＴＵ（第6章参照）の生徒に関するガイダンスは、若者センターで行い、18歳から25歳までの若者に対するガイダンスは、ジョブセンター1階に設けられたユースユニットで行っている。ガイダンス部門長のカーステンは、通常、若者センターで業務を行う。

カーステンは、西地区ガイダンスセンターから4名のカウンセラーとともに本センターガイダンス部門に移ってきた。さらに2名のカウンセラーを募集したところ、137名の応募があった。カウンセラーは人気のある仕事だと言えるだろう。カーステンは多くの履歴書を読み、その中から経験あるカウンセラー2名を採用することとした。彼らは10月から仕事をする。

採用面接ではカウンセラーの仕事、不適応の若者の支援についての考えをきき、彼らの心、気持ちに触れたいとカーステンは考えた。乱暴な態度の若者とも会わないといけないのだから、様々な状況を除外せずに抱えることのできる人材を見つけたいと考えたのである。不適応を示す若者たちは、親の虐待やアルコール依存などの家庭環境要因をもっていることも多い。もちろん、礼儀正しいやさしい若者もいるけれども、乱暴で反社会的な若者もいる。そういう若者に対し、カウンセラーは、「私のオフィスにいらっしゃい、話をしよう」と働きかけなければいけない。つまり対話が大事である。

ガイダンス部門は、6名のカウンセラーを有し、派遣先は、国民学校6校、特別支援校1校、オルタナティヴスクール1校、私立学校3校（そのうち2つは特別支援学校で、もうひとつは学力の高い生徒の集まる学校）である。

ロドヴァ市の人口は4万人。西地区UUが置かれていたアルバーツルン市よりもロドヴァ市は裕福だが、ガイダンス部門のサポート対象はこちらでも不適応と貧困の問題である。ただ、子どもたちの親はアルバーツルンに比べると裕福で、移民が若干少ない点が違っている。

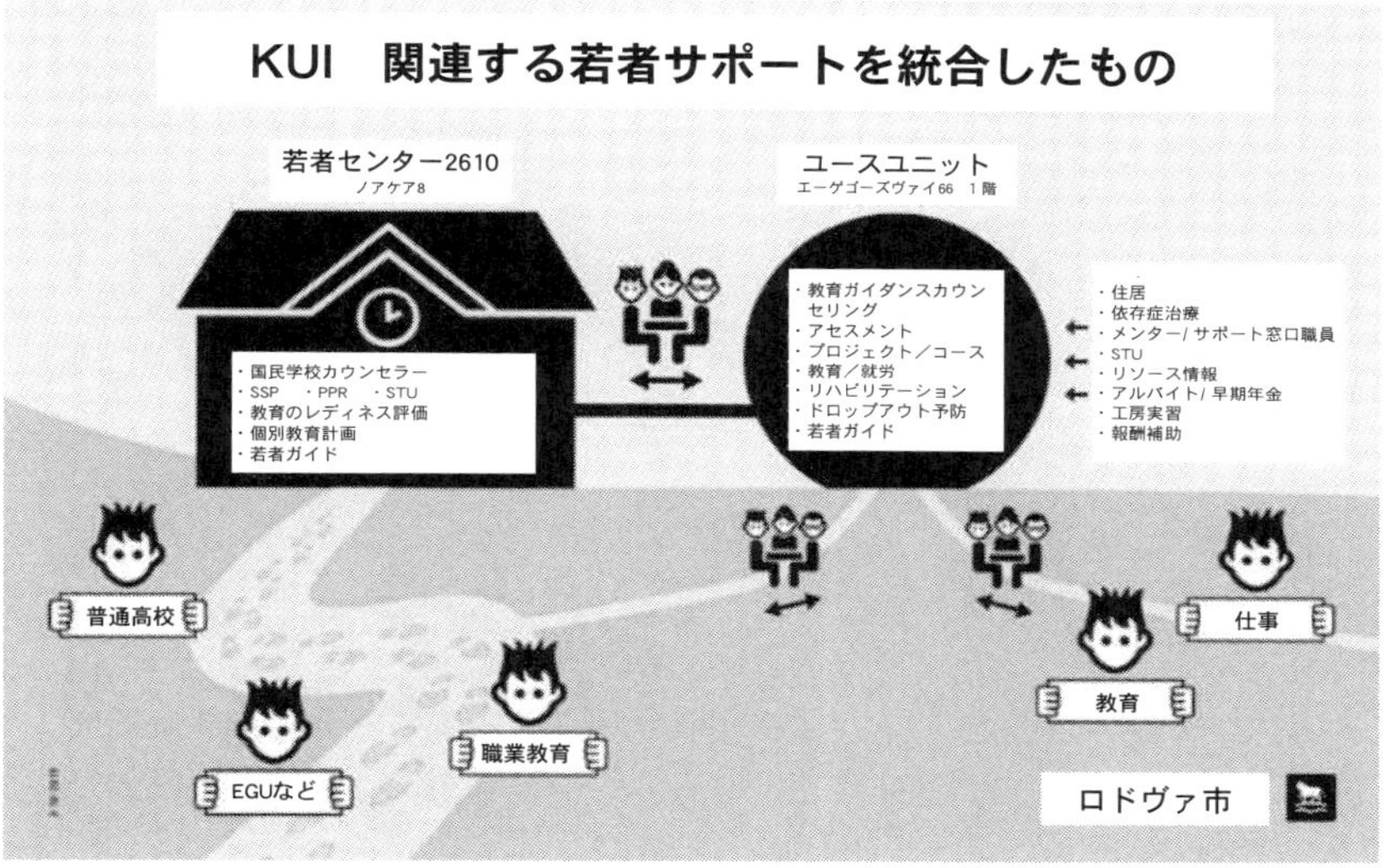

図2-3　ロドヴァ市のＫＵＩ

ロドヴァ市のＫＵＩ

インタビューで説明されたＫＵＩについて２０２４年現在のウェブサイトでも確認してみる。[3]
図2-3「ロドヴァ市のＫＵＩ」は、ロドヴァ市のウェブサイトの「25歳未満の若者に対する取り組み」に掲載されたＫＵＩの流れ図に日本語訳を埋め込んだものである。この図は、インタビューの行われた２０１９年当時と２０２４年現在とで変更はない。このページではロドヴァ市の最優先課題は、「すべての若者が教育を受け就労すること」と述べられており、国民学校の中心に「ガイダンスカウンセリング、『適切な選択』をするための準備および個別教育計画」を置くとする。ガイダンスカウンセラーには、若者センター２６１０で会うこともできるし、また、すべての国民学校でも会うことができる。

個別教育計画は、９年生に始まり、25歳まで続く。９年間または10年間の義務教育修了後、個別教育計画にしたがって若者に対応するのは、「ユースユニット」である。「ユースユニット」のガイダンスカウンセラーは、教育を受けていない可能性のあるすべての若者と連絡をとり、継続的な教育へのガイダンスを行う。

また、市の複数の部門にまたがる支援が必要な若者にはコンタクトパーソンが若者に割り当てられ、支援・ガイダンスを行う、ともされる（コンタクトパーソンは、様々な文脈に出てくる仕事であるので、第3章で取り上げる）。

このように、ウェブサイトで確認する限りは、２０１９年9月のカーステンのインタビューで語られた状況と大きく変わっておらず、義務教育段階のガイダンスを担当するのが若者センター、それ以降25歳までがユースユニットということのようである。

第3節　２０２2年3月——カーステンのオンラインインタビュー

カーステンは、ロドヴァ市の若者センターガイダンス部門をやめて、当時（２０２2年3月）は、コンタクトパーソンとして活動しているということであった。インタビューでは現在の仕事について、ロドヴァの若者センターの現状、ＫＵＩの動向について聞いた。この節では、若者センターの現状とＫＵＩの動向について述べる。カーステンの語りそのままを記述する際は「　」を用いる。

ロドヴァ市若者センター（Ungecenter）の現状

カーステンによると、ＫＵＩは、社会サービス法、教育に関連する法律、職業に関する法律の3つに基づいて運営しなければならず、複雑で時間とお金がかかりすぎるという。目指すものが高すぎてうまくいっていない。ハイリスクの若者、例えば高校を中退してドラッグ依存状態という若者にもすぐに対応できるように若者センターをつくったが、それがうまくいっていないのだという。また、いま一番問題になっているのは、若い女性の精神的な不安定であって、コロナ禍やＳＮＳの影響もあるかもしれないが、知的能力が高いのに自信がなく、他と自分を比べて自己評価を下げている人が多いという。

ＫＵＩの現状

うまくいっている市もあるのかもしれないが、ロドヴァ市ではうまくいっていないとカーステンは語る。「組織に新しい名前が与えられただけだと思う。また別の新しい名前がつけられるだろう」

ワンストップサービスを目指したが、ロドヴァ市ではそれは実現できていないという。

ガイダンスカウンセラーの現状

ＵＵが廃止され、ガイダンスカウンセラーの配置の仕方は市によってまちまちである。各学校にカウンセラーが置かれている市もあれば、一人のカウンセラーが2～3校担当している市もある。

専門家、質という観点で見ると、低下したと言わざるを得ない、とカーステンは言う。学校長判断でガイダンスが行われるので、場合によっては効果を伴わないガイダンスが行われているというのである。

このときのインタビューでは、ＫＵＩとガイダンスの現状について、カーステンの評価は大変厳しかった。

カーステンの言う「若い女性の精神的な不安定の問題」と関連して、以下のことを紹介する。デンマーク保健省は、２０２０年より地域精神医療を強化する包括的な10年計画を開始した。[4] その背景には、「デンマークは世界で最も幸福度の高い国のひとつとして知られているにもかかわらず、人口の８％がうつ病に悩んでおり、一般開業医の診療の25％がメンタルヘルスに関連するとされている。さらに学校児童の15％がメンタルヘルスの問題で治療を受けたことがある」という状況がある。子ども、若者のメンタルヘルスも大きな問題で、「今日、デンマークの18歳未満の子どもたちの６人に１人が精神疾患と診断されているにもかかわらず、精神的な問題を経験した若者で助けを求めるのはその半分以下」であるという。２００９年～２０１８年の間に、精神科患者数は31％増加、そのうち大人の患者数は27％増加、子どもと若者の患者数はおよそ50％増加している。こうした状況下で、少ないリソースで多くの市民にリーチすること、ことに若い人たちの精神的な問題に早期介入することを目指し、電子医療データ大国である利点を生かして、インターネットを利用したデジタル精神科を推進しようとしている。また、精神科医療の少なさを補うために、精神科治療のゲートキーパーとして一般開業医を活用する。

このデンマークの精神医療の取り組みについては、今後訪問調査を進めたいと考える。

第４節　２０２３年９月——ホイエ・タースト ルップ市のＫＵＩ

２０２３年９月20日、ホイエ・タースト ルップ市（Høje-Taastrup）のＫＵＩについて聞くために、ホイエ・タースト ルップ市役所に、ＫＵＩ責任者、アナス・ヴェドベア（Anders Vedberg）氏を訪ねた。調査に参加したのは、本書の執筆者である谷、石川、と筆者、そしてカーステンである。

２０１９年に開始したＫＵＩの中で、効果を上げている場所を紹介してほしいとカーステンに要望したところ、このＫＵＩを紹介されたのであった。ホイエ・タースト ルップ市は、カーステンが所長を務めていたコペンハーゲン西地区教育ガイダンスセンターが担当していた市のひとつである。

インタビューの語りとスライド資料をまとめて記述する。アナス・ヴェドベア氏（以下、アナス）の語りそのままを記述する際は「　」を用いる。

アナス・ヴェドベア氏について

ＫＵＩの責任者。元は、特別支援教育の教員。ＫＵＩ法ができる前、ホイエ・タースト ルップ市北部の小さい市で、ＫＵＩに似た、教育、社会福祉サービスなど多様な資源を結合したユースガイドと呼ばれるシステムで働き、その成果を評価され、ホイエ・タースтрルップ市のＫＵＩの責任を任されることになった。「本市ではかなり完成形に近いＫＵＩを実践している」。

ホイエ・ターストルップ市

コペンハーゲン首都地域（広域圏）の西部に位置し、この広域圏の中で一番大きい市である。緑に囲まれた環境で、新興の商工業地域として発展の途中にあり、様々な新しい企業を誘致している。コペンハーゲンの中心から遠いため地価が安いのが利点で、新しい住宅の建設が進んでいる。道路の新設も進み、国鉄が通っており、交通の利便性が高い。

運送業、金融機関など様々な大企業があり、同時に中小企業も多い。ここ数年は、９千以上の仕事があり、およそ2万7千人の労働者がホイエ・ターストルップ市の職場に通ってくる。首都地域で最もビジネス親和的な市と言われる。若者のために仕事を見つけやすいのが利点である。フルタイムの仕事もあればパートタイムの仕事もあるので、若者の状況に合わせて、就労のサポートがしやすいのである。

移民の多い地域でもあり、(5) 数世代前に移住した人を含めて40％が移民である。一番多いのがトルコ系、２番目に多いのはポーランド系である。言葉の問題をはじめとして様々な困難や障害をもっている人たちがいるが、だからと言って支援を移民の若者だけに焦点づけているわけではなく、移民の若者のもつ困難も、多様な問題のひとつという捉え方をしている。

若者の現状

本市における、就労せず教育も受けていない若者の割合は、国の平均に比べると多かったが、５年間で大幅に減少、全国レベルになった。その要因は、まずは労働市場が好調ということがあるが、「私たちの努力も大いに関係がある」。

ＫＵＩの目的

現在、国が掲げる若者に関する目標は、すべての若者が後期中等教育（青年期教育）を修了し、就労することである。２０３０年までに、15歳以上25歳未満の若者で教育とも労働市場とも関連していない人の割合を９％から４・５％に減じるというのが、政府の掲げる義務目標である。25歳未満の若者に対する市の取り組みに関する法律（Lov om kommunal indsats for unge under 25 år）により、市はこの義務目標達成の責任を負う。そしてＫＵＩはそれを実現するための方策である。若者支援のすべての取り組みを統合し、実際にはワンストップではないが、若者がワンストップのように感じるシステムづくりをしている。

ホイエ・ターストルップ市のＫＵＩの特徴

①ネットワークベースの組織

本市のＫＵＩは、ネットワークベースの組織である。市庁舎の中に、ある程度の機能は集めており、会議も市庁舎で行うが、他の場所にあるリソースの機能も結合する。ＫＵＩは、市ごとに方法が違っているため、全部の機能をひとつの建物に集めている市もある。

② ユースガイド

市内には様々なリソースがある。例えば、ＦＧＵ（第４章参照）、社会福祉サービス、心理的支援、若者教育、ジョブセンター、旧ＵＵ、障害者へのサービス、若者クラブ（夜）など。ところが若者は市内にどんな利用可能なリソースがあるか知らないので、若者に勧めたり、導いたりする人が必要で、それを担うのがユースガイドである。

③ ガイダンスカウンセリングとユースガイド

旧ＵＵの機能であるガイダンスカウンセリングは他の機能と統合して行っている。旧ＵＵのガイダンスカウンセリングとの違いは、多様な人材がガイダンスカウンセラーの仕事を担っているという点である。

④ 多種多様な部門・法律・システムをつなぐワークフロー

学校と社会福祉サービスのつなぎは重要なテーマである。例えば、若者が学校を中退し、別のところに行くとき、本人の同意を得て、関係者が情報を共有する。ただ、生活が次々に変化する若者がいる。10年生クラスにいく、ＦＧＵを利用する、など繰り返しているうちに、18歳になると、適用される法律が変わってしまう。それは大きな問題である。というのは、法律がかわることで市役所内の管轄がかわってしまうからである。この段差の前後のリソースをオーバーラップさせるために、学校とカウンセラーと社会福祉をつなぎたいと考えてチャート図を作成し、実践している。

⑤ 考え方の基本

若者のリソースに焦点を置く、ということと、コ・デザイン[6]である。

若者にアクセスするために、その人たちのリソースを知り、どんな夢をもっているかを大事にする。

⑥ＦＧＵとの密接な関係

ホイエ・タースト ルップ市のＫＵＩはＦＧＵと密接な関係をもち、相互連携をしている。

⑦あらゆる場所で活動する

視野を広くし、様々な場面で若者にアクセスすることを試みる。若者クラブの代表者、犯罪予防チーム、低所得者住居なども連携先となり得る。若者が余暇、特に夜の時間をどう過ごすかは重要で、犯罪に手を染める場合もある。だから、アウトリーチを行い、サポートを必要としている若者を探し、サポートを提供する。

⑧ビジネス界との緊密な連携

インターンシップ、アルバイト、トレーニング、メンターを通じて連携している。

⑨教育の準備性評価

新しくつくられたもので、若者およびユースガイドにとって有効な計画を策定できるようにする。

⑩評価のデザイン

データ、若者の経験、部門を超えた協力について評価を行う。いま、ＫＵＩはその成果を評価する段階にある。他の市の実践と比較しながら評価が行われる。「私たちの実践が高い評価を受けることを願っています」

一般的取り組みと、ターゲットグループ(7)

一般的取り組みの対象は、15歳以上25歳未満のすべての若者で、本市においては６千人ほどである。一方、ターゲットグループは、特別な支援を必要とする対象である。(4) 本市のターゲットグループは初等教育学校８年生以上25歳未満の若者で、４００人から５００人いるが、残念ながらそのすべてを支援できているとは言えない。

①　一般的な若者についての取り組み

５人の教育ガイダンスカウンセラーが対応する。その内容は、教育ガイダンス、青年期教育への橋渡し、個別教育計画と個別カウンセリング、若者主宰のイベント、教育集会。

②　ターゲットグループについての取り組み

８人のユースガイドが３２０ケースを担当する。それに加えて、２名の特別ニーズ教育カウンセラー、19人のワークショップコンサルタントがいる。

ユースガイドは、ひとり40ケースを担当しており、相当忙しい。ただ、40人すべてと同じように継続的に関わるわけではない。進路選択に困難を抱える若者とは頻繁に会うが、関わった若者が学校、ＦＧＵ、就労などにつながれば、ユースガイドは頻繁に会うことをやめて、月１回程度の電話でのフォローアップに切り替える。ただその中で、いったん選択した場所をやめたいと若者が言うようなら、再び会う。そのように濃淡をつけながら、仕事をしている。

ビジネスカウンセラー

２名のビジネスカウンセラーが配置され、産業を基盤とする取り組みを行う。10年生クラス、ＦＧＵ、ＳＴＵに関連した支援を行う。

ログブック

ＵＵは25歳までの若者のログブックを管理していたが、ＫＵＩはその機能を引き継いでいる。18歳以降で別の法律が適用されるが、18歳以降もフォローしている。

ビジネス界との連携

２名のビジネスカウンセラーを配置し、ビジネスに関するネットワークを開拓、維持している。その仕事の内容は、インターンシップ、アルバイト、デュアルシステム、パートタイムジョブ、フルタイムジョブに関わるものである。支援対象は13歳以上25歳未満の若者で、ユースガイドまたはガイダンスカウンセラーを通じてつなげる。

インターンシップは国民学校で以前から行われていたが、当時は学校教員が自分の知り合いの範囲でアレンジしていたのに対し、いまはＫＵＩがアレンジしている。インターンシップを通じて、若者にアルバイトを勧めることができる。若者は金という利益を得ることができ、また仕事への動機づけにもつながり得るし、犯罪のリスクから救う効果も期待できる。

企業内にはメンターが配置され、年間１００組以上のペア（メンターと若者）をＫＵＩがつくりだしている。ビジネスがＫＵＩのネットワークに加わったのは、比較的新しいが、ＫＵＩのターゲットグループは、学校に興味をもたない若者が多いので、学校関係の部門よりもビジネス部門の方がターゲットグループにアクセスしやすいと言える。

ビジネスカウンセラーはジョブセンターと協働しながら、若者が就労した後の困難にも対応する。

ユースガイド

ユースガイドの仕事は、以下のように整理される。

① コーディネートし、集め、拾い上げ、概観した上で、教育に焦点づけ、移行に焦点づける。
② 目標の設定、同意は、若者個人との連携のもとに行う。「個人教育計画プラス」により、緊密に継続的にフォローする。
③ 若者をとりまくすべての専門家、および若者の個人的なネットワーク（例えば家族）と緊密な連携を行う。
④ ネットワークミーティングおよびワークミーティングをコーディネートする。
⑤ ガイダンスカウンセリング（国民学校修了者および10年生）。
⑥ ターゲットグループの若者についてＦＧＵを勧めるべきかどうかのアセスメントを行う。
⑦ 若者のための教育準備戦略を実行する。

ユースガイドは、チームで動く。ユースガイドの出自は、社会福祉、ジョブセンター、精神障害に関わる仕事、移民に関する仕事をしていた人たちなど、多様だが、共通するスキルは、互いに知り、チームで働くということである。性別は男女半々である。

ユースガイドはフレキシブルな仕事である。メンターの機能とケースワークの機能をもち、支援対象の状況によって、それらの機能をフレキシブルに活用する。メンター機能としては、朝連絡して若者を起こすこともする。ケースワークの機能は、支援対象の若者と会い、仕事を見つける手助けをすることである。

ただ、ケースワークの機能を使いすぎないようにしている。なぜならユースガイドは、対象の若者に最初に会う人間で、次に別の資源につなぐのが主たる仕事、つまり橋渡しだからである。

メンターとしてのユースガイドは、リアルな世界、いまの若者が何に興味をもっているかをよく知っていて、若者と関係をつくる。

ケースワークの機能は、システム、法律をよく知っているということでもある。だから、ユースガイドは、若者とシステムをつなぐ人とも言える。

ヤヌス神すなわち門の神のようなものであり、始まりと終わりをつかさどる。

理念

本市のＫＵＩの理念は以下の通りである。

第一に、すべての人は、その人生のエキスパートである。

第二に、すべての人は変化しようとしている。

第三に、誰もがほどよい（good enough）人生を生きるためのリソースをもっている。

第四に、変化というものは、徐々に起こる。

第五に、問題が起きるときは必ず例外がある。

第六に、問題の原因と解決の間には必ずしも関係がない。

アナスは解決志向アプローチを学んだので、それを理念に置いているという。すなわち、時間のかかる原因の究明は行わず解決に焦点を置く。選択した方策がうまくいき始めたらもう少しそれをやってみる。うまくいかなければそれと異なることをやってみる、というのが、解決志向アプローチの原理である。

どんな人生を生きたいかという希望は誰しももっている。ユースガイドは若者に会うとどうなりたいか（解決のイメージ）を聞く。わからない、と言う若者もいるが、少しずつ言葉にできるよう支援する。大きい夢でなくとも、小さな目標を探しそれを実現するためにどうしたらいいかを、ユースガイドは若者とともに考えていく。

ワンストップサービスについて

「ひとくちに若者、といっても、いくつもの法律が絡んでいるから、純粋な意味でのワンストップサービスは実現不能だと思う」とアナスは語る。

「システムの見え方がシンプルならよいと思う。利用者側からみて、ワンストップに見えればよいのだと思う。利用者が最初の入り口にいけば必ず必要なところにたどりつける、そういうシステムがつくれればよいと考える。リソースと若者をつなぐもの、トランスレーター、ガイドの役割をするシステムをつくりたい」

以上がアナスの説明である。次節以降では、ＫＵＩの基礎となる省令を参照しながら、ホイエ・タースルップ市のＫＵＩについて考察する。

第５節　青少年の教育と職業の選択についてのガイダンスに関する省令

ここで参照するのは２０２２年９月16日に子ども教育省（Børne- og Undervisningsministeriet）が示した「青少年の教育と職業の選択についてのガイダンスに関する省令(8)」である。

第１章「ガイダンスに関する責任」では、ガイダンスをＫＵＩが提供すること、ＫＵＩは市が運営することが述べられる。

第２章は「保護者」で、15歳から17歳の若者に関しては、その保護者に市はガイダンスおよび義務教育修了後の教育機会について通知しなければならない、とする。逆に言えば、18歳以上の若者に関して言えば、保護者がガイダンス、教育等に関する責任をもたなくてよいということである。また、保護者がデンマーク語以外の母語を有する場合、可能な限りその言葉による情報提供に努めなければならないとして、移民などへの配慮を示している。

第３章はガイダンスの内容で、「生徒が自身のコンピテンスとポテンシャル、および教育と職業の可能性を省察できるようサポートするものでなければならない」としており、生徒自身の省察を重視し、サポートは、そのような主体的な行動を実現させるものであることに主眼が置かれる。ガイダンスは、全員が受ける一般的な（kollektive）ガイダンスと、個別的なガイダンスの２種ある。この方法は、ＵＵにおいて、ＵＵから派遣されたガイダンスカウンセラーが国民学校で行っていたものと同様である。当時、特別困りごとのない一般的な生徒のガイダンスはウェブサイトを活用することが推奨され、個別ガイダンスが必要な生徒への注力は相対的に大きかった。個別ガイダンスが必要な生徒は、「希望する教育への準備ができていると評価されていない生徒」および「高等学校教育と職業訓練以外の教育活動などへの準備ができていると評価された生徒」である。後者にはＦＧＵが含まれる。

第６章は、「ターゲットグループの評価手順」、第７章はフォルケホイスコーレなどのいわゆるオルタナティヴスクールへの入学、第８章はＳＴＵについて述べられている。

第９章は、若者データベース、つまり、アナスのインタビューで言及された「ログブック」について述べている。第22条に市は、「1）若者が訓練計画に従っていないことが市に通知された後、市が若者と接触した日付。2）新しい活動の提供を含む、トレーニング計画の改訂日」を報告しなければならないとあり、ドロップアウトの危険のある若者の管理は、相当徹底している。

第10章は、「連携」である。第26条には、「首尾一貫し調整されたひとまとまりのガイダンスを提供するために、市は、以下の者と連携しなければいけない。ストゥーディエヴァルグ Studievalg、若者教育機関およびその他の教育機関、ジョブセンター、産業界、労働市場のパートナー、公教育活動を提供する学校および機関、ＳＴＵプロバイダー、教育行政、ＰＰＲ、社会福祉行政、知識と特別な助言に関する国立機構（ＶＩＳＯ）、およびこの連携に関連する他の地域の市議会」とある。

ストゥーディエヴァルグ Studievalg はＵＵと同時につくられた、大学レベルへの進学をサポートするガイダンスセンターであり、全国に数ヵ所設けられている。ＵＵは廃止されたがこのセンターは存続している。ＳＴＵは、特別なニーズをもつ若者（主に発達障害）の自立を実現するための教育と訓練の制度である（本書第6章参照）。ＰＰＲは、心理学の視点からアセスメントと助言を行う職である。第10章には、以前からある制度に加えてこの20年の間に新しく生まれた教育・支援機関が列挙されており、ＫＵＩが、既存のリソースを生かし連携させて、若者のキャリア選択支援を目指すものであることが示されている。アナスがネットワークベースの組織、と述べたことは、この点と関連している。

市がそれぞれ独自に運営を試みるＫＵＩにおいて、最も重要で、また容易でないのが、この連携という点であろうと思われる。ホイエ・ターストルップ市のＫＵＩはこの連携の工夫において優れており、それが、他の市からも高い評価を受けているという結果につながっているのであろう。

第11章は、ＫＵＩの品質保証、第12章は、ガイダンスカウンセラーの資格について書いている。

第６節　ＵＵとの比較から見るＫＵＩの特徴と目指すもの

こうしてみてみると、ＫＵＩはダイナミックなシステムであり、ＵＵが担当していたガイダンスはその中のひとつとして包含されたことがわかる。

就労せず教育を受けていない若者、社会の何らかの組織に属さないでいる若者について、そうなっている要因は何かを分析し、それらの要因に対しできる限りの対応をして、より多くの若者が自立的主体的に社会で生き、彼らの内的なリソースを十全に生かしながら社会を支えることができることが目指されている。そのために必要と考えられていることを筆者の観点でまとめると、

①　キャリア選択

国民学校上級段階から全員にガイダンスを行い、自身の社会参加の在り方を考えさせる。

②　学力不足の補填

希望する学校に必要な学力が不足している若者には、それを補うシステム（例えば10年生）を用意する。

③ ターゲットグループ

特別な支援を必要とする群に対し、その不適応リスクの要因を同定し、それへの対応を行う。要因が多様なので、連携すべき機関は多様。

④ 発達障害をもつ若者に対する教育

若者の特性を生かす教育・訓練を提供して、就労・社会参加を実現する。

となる。

ＵＵもこれらを柱として活動を行っていたが、ＵＵを解体してＫＵＩというシステムに転換したのは、③のターゲットグループへの支援を重く見たからではないだろうか。後期中等教育修了者を95％とするという数値目標が意味するのは、その数値に到達できない重要な要因として、③の存在が大きいと考え、③に属する若者を減らすことが何より重要だと考えた。そして③の支援は多くの機関間、複数の行政間での連携が必要と考え、ＵＵよりも拡大されたシステムへと転換したのではないか。

ホイエ・タースルップ市のＫＵＩについてまとめると以下のようになる。

ＫＵＩ本体は、ユースガイド、ガイダンスカウンセラー、ビジネスカウンセラーから成る。ユースガイドは、ターゲットグループの若者に最初にアクセスする人材であり、若者を他のリソースにつなぐ役割を果たす。ガイダンスカウンセラーは、すべての子ども・若者のガイダンスを担当するが、対象者のサポートのニードに合わせて濃淡をつけた対応をする。また、25歳までの若者のログブックを通じて市在住の若者の適応状態を管理し、不適応を早期に発見する。ビジネスカウンセラーは就労後の困難に対応する。そしてこれら三者、特にユースガイドが、市役所内の他の部署、市内の様々なリソースを相互に連携させるための橋渡しを行う。

ＫＵＩの運営に関して国が示すのは枠組みだけで、実際の運営の方法は市に任されているから、かなり困難な課題を背負わされていると言えるだろう。その中でホイエ・ターストルップ市のＫＵＩは成功例として今後も他の市の注目を集めていくのではないかと思われる。カーステンが理想形として語った「ワンストップサービス」を文字通りに実現するものではないが、利用者にとって「ワンストップと見えるもの」が目指されている。アナスのインタビューの際同席していたカーステンに意見を求めたところ「素晴らしい」と評価した。カーステンが２０１７年の講演で述べた「複雑な組織でなく、よりシンプルな制度をつくりたい」という理想形を利用者側の視点で実現していると言えるだろう。

本章の最後に大切なことをひとつ述べておきたい。本章を執筆しながら並行して第8章の若者支援に尽くしたカーステンの回想の原稿を読み、腑に落ちたことがある。カーステンは特別支援学校の教員に始まり、教育改革の柱のひとつであるガイダンスシステム構築に関わってきた。デンマークの教育改革の歩みとカーステンのキャリアは重なっている。カーステンがこの仕事を国から任されたのは、特別支援教育および社会的弱者の社会参加を支援する仕事に関わるキャリアを評価されてのことであった。そしてそもそもデンマークがガイダンスシステム構築に取り組んだのは、その出発点に、サラマンカ宣言があったのである。デンマークの教育改革の中心にガイダンスシステム構築があり、その根源には、サラマンカ宣言の現実化――すなわち、すべての人がそのコンピテンスを生かして社会に参加することを実現するということ――という命題があったのである。同時に、デンマークは、サラマンカ宣言を自分たちの問題としてきわめて真摯に取り組んできた国だということも感じて、感動を覚えた（サラマンカ宣言については第5章を参照のこと）。

この20年あまりの間、デンマークのガイダンス制度は、何度も大きく変わってきた。ＵＵがある程度の成果を上げていただけに、ＵＵを廃止してＫＵＩをつくるという改革には、正直、困惑を覚えた。しかしそれはサラマンカ宣言現実化の途上にある改革なのだ、と今は理解している。

第2章　注

（1）詳細は以下に記されている。青木真理・谷雅泰・五十嵐敦・野口時子「みんなが活躍できる社会をどう構想するか――デンマークに学ぶ」『福島大学地域創造』第30巻第2号、２０１９年2月、１２３-１３９ページ。

（2）opkvalificering について、ウェブサイトで検索したところ、以下のようなことがわかった。これは、第3章で取り上げる積極的な雇用介入に関する法律で定められたものである。この法律の目的は、１　求職者の仕事探しを支援する。２　採用、失業者と雇用主のマッチング、労働力の定着に関連するビジネスサービスで民間および公的雇用主を支援する。３　労働市場への永続的な定着と完全または部分的な自活を目的として、労働能力に制限のある人を含め、仕事を取得または維持するために行動を必要としている人を支援すること。４　職業資格をもたない若者が、通常の条件下で学習課程または職業資格を修了できるようにするために、個別的かつ的を絞った努力で支援する、である。そして、opkvalificering は、スキルアップを意味し、支援対象者のニーズに合わせて様々なコースが用意されている。この法律は２０２０年1月1日に発効した。この法律では、対象者は30歳未満となっているので、ロドヴァ市で先行的に実施されていたものに変更が加えられたと思われる。

（3）以下のＵＲＬ（２０２４年4月3日確認）。

https://www.rk.dk/jobcenter/om-jobcentret/kommunal-ungeindsats-kui/

（4）デンマーク保健省（Sunhedsministeriet）「デンマークのメンタルヘルスに対するアプローチ」（The Danish Approach to Mental Health）２０２１年7月。

（5）カーステンがＵＵの長として担当していたコペンハーゲン西地区の多くの市に共通する特徴である。

（6）コ・デザインは、九州大学デザイン基礎学研究センターのウェブサイトによれば「一部のデザイナーや専門家などの限られた人々だけでデザインするのではなく、実際の利用者や利害関係者たちと共にプロジェクトをつくり、積極的に関わり合いながらデザインを進める取り組み」は、「閉じられた環境ではなく、積極的に開いていくことを志向するコ・デザイン〈Co-Design〉と呼ばれ」る。Coは、「接頭語で『共に』や『協働して行う』という意味であ」り、「デザインにおけるアプローチ（問題対象に接近していくための一連の取り組み過程や考え方）の一つ」である。そして、１９７０年代の北欧の「参加型デザイン」と呼ばれる取り組みから始まり、「21世紀に入ってからは、トップダウンのデザインに対する〈参加型〉という対抗的な取り組みのフェーズを超えて、より平等で密度の高い関与を求める〈共同性〉、〈協働性〉が志向されるようになり、参加型デザインよりもコ・デザインという言葉が使われることが増えて」いる。また「北欧では特に活発であり、世界的に有名なDokk1（デンマーク・オーフス市）やOodi（フィンランド・ヘルシンキ市）などの大型公共図書館／コミュニティセンターが適用事例として知られるが、小さな自治体の公共施設をつくる際でも、利用者となる地域の人々がデザインプロセスの一部に関わることはごく一般的である」という。

九州大学デザイン基礎学研究センター（２０２４年4月30日最終確認）。

Essential Concept　Co-design　https://www.cdfr.design.kyushu-u.ac.jp/lexicon/982/

（7）ターゲットグループは、法律でも使われる用語で、子どもであれ成人であれ、特別な支援を必要とする人たちを指す。

（8）子ども教育省（Børne- og Undervisningsministeriet）「青少年の教育と職業の選択についてのガイダンスに関する省令」（Bekendtgørelse om vejledning om valg af ungdomsuddannelse og erhverv）２０２２年9月16日。

その後２０２４年6月18日に、同名の新しい版の省令が出され、構成が大きく変わった。しかし本書ではそれを取り上げることはできないので、今後の研究において追究したい。

第3章 KUIに関連する法律

青木真理

本章では、ＫＵＩに関わる法律について整理する。というのはカーステンが、ＫＵＩは複数の法律にまたがっており複雑である、と語り、アナスも、ＫＵＩと関連する法律が、18歳未満と以降とで異なると語ったからである。ＫＵＩに関わる法律についてくまなく確認することは難しいが、現時点で筆者の力の及ぶ範囲で、関連の法律を整理しておきたい。

ＫＵＩの設置に関わる基本的な法律は第１章で述べたように、「25歳未満の若者に対する市の取り組みに関する法律」（Lov om kommunal indsats for unge under 25 år）である。

ＫＵＩに関して18歳未満と18歳以上で関連する法律が異なるという点についてカーステンに質問したところ、18歳未満については、社会サービス法（Serviceloven　Lov om social service）第52条、18歳以上については積極的な雇用介入に関する法律（Lov om en aktiv beskæftigelsesindsats）であろうという返答を得た（２０２４年３月）。

社会サービス法は、佐藤桃子[1]によれば「社会福祉にかかわるサービス全般をコムーネ（kommune、基礎自治体）の責任において提供することを規定するもの」である。「１９７６年から１９９７年まで、生活支援法（Lov om social bistand）によって社会福祉サービスの大まかな方向性や枠組みが規定されて」いたが、この生活支援法が１９９７年に廃止され、「生活支援法のうち社会サービスに関わる部分をまとめ」たものが１９９８年７月１日に新たに制定された社会サービス法である。

つい最近のことであるが、子ども法（Bartet lov）という新しい法律ができた。これは、２０２４年１月に施行され、その目的は、「１　子どもや若者、その家族に対し、社会問題の発生を未然に防ぐための助言、支援を行う。２　子どもや若者の身体的または精神的機能の低下、または特別な社会的問題に起因する特別なニーズを満たす」ことである。その中には虐待、非行・犯罪の予防が含まれる。

この法律の成立に伴い、社会サービス法は２０２４年６月11日に改正された。法律の対象は「18歳に達したもの」と規定され、また子ども・若者についての項が削除された。子ども・若者は社会サービス法の対象外となり、子ども法において扱われることになったのである。先述したカーステンの回答の「社会サービス法第52条」という箇所は、社会サービス法改正前だったということになる。

子ども法に先立って、非行防止法（Lov om bekæmpelse af ungdomskriminalitet）が制定された（２０１９年1月施行）。その目的は少年非行の防止であり、10歳以上18歳未満の若者に適用される。子ども法の制定と社会サービス法の改正により、ＫＵＩが対象とする若者が18歳未満であれば主に子ども法、場合によっては非行防止法、18歳以上であれば社会サービス法ならびに積極的な雇用介入に関する法律が関連する。

筆者らはこれまで、子ども・若者の非行・犯罪および児童虐待については調査をしてこなかった。調査の対象としていたのは学校に通う子ども・若者、障害をもつ子ども・若者であり、キャリア形成の途上でドロップアウトする若者をも調査対象としつつも、ドロップアウトの要因またはその結果としての非行・犯罪、虐待については調査範囲に含めていなかった。ＫＵＩについて考える中で、これらについても調査・探究をする必要性に気づいた。すべての人の社会参加を実現するためには、これらの社会問題の予防と対応は、当然ながらとても重要なのである。アナスの話の中にも、若者の夜の過ごし方に注目し、より適切なリソースへと案内することが犯罪の予防になるということがあった。

非行と虐待、およびそれらに関連する法律である子ども法、非行防止法については今後の調査課題とし、本章では、「25歳未満の若者に対する市の取り組みに関する法律」「積極的な雇用介入に関する法律」について整理する。また「コンタクトパーソン」についても述べておく。コンタクトパーソンは、様々な法律で言及されるが、筆者が知り得たものは、社会サービス法および子ども法においてである。

第1節　25歳未満の若者に対する市の取り組みに関する法律
(Lov om kommunal indsats for unge under 25 år)

本書第1章でも言及されているこの法律について、ＫＵＩに関連する部分に焦点づけて述べる。第1章はガイダンスの目的について定める。それは「教育および職業の選択が個人および社会にとって可能な限り最大の利益となる」ことであり、そこには「すべての青少年が職業につく資格を得られる教育を修了することが含まれる」。ガイダンスが特にターゲットとするのは「特別なガイダンスの取り組みがなければ、教育または職業の選択における選択、開始、修了に困難を抱える、または抱えるであろう若者」である。またガイダンスは、「プログラムからのドロップアウトと再選択を最小限に抑え、個々の学生がプログラムを修了するとき可能な限りの学業および個人的な利益を得られるように」する必要がある。

第1章ａは15歳から17歳の若者には、「教育、雇用、それ以外の若者に教育を修了させるための活動に参加すること」を義務づける。そして市議会は「15歳から17歳の青少年が教育計画に従うことを監督」し、若者に課せられた義務が遵守されるように親権者が継続的に関与」することを監督しなければならない。第1

章ｂは、すべての９年生について立てられる「個別教育計画」について定める。第１章ｃは、教育を受けるためのレディネスの評価について定める。

第１章ｄはＫＵＩについて定める。市議会は、25歳未満のすべての若者が後期中等教育を修了または就労するための準備を行うことを目指し、25歳未満の若者のためのＫＵＩを設置しなければならない。ＫＵＩに関する市議会の責務は、（１）若者の教育への定着、または労働市場への恒久的な定着を目指して、若者と協力して個別教育計画を作成すること、（２）国民学校および10年生に対する教育と職業のガイダンス、（３）15歳から17歳の教育、就労等の義務に関するガイダンス、（４）後期中等教育プログラム申請のための目標数値の設定、職業教育およびトレーニングの申請のための行動計画の作成、（５）若者が必要とする特別な支援を記載すること、（６）ＦＧＵを受ける若者のためにインターンシップを用意すること、（７）インターンシップを行うためのアウトリーチ機能、（８）ターゲットグループがＦＧＵに参加できるかどうか評価すること、（９）後期中等教育に在籍していない、または後期中等教育を修了していない25歳未満の若者（ＦＧＵ修了者を含む）に対するアウトリーチとフォローアップの取り組み、（10）25歳未満の若者に関するジョブセンターの業務（積極的な雇用介入に関する法律、雇用活動の組織化および支援に関する法律などを参照）、（11）共通データベースの維持と更新、（12）必要とする若者のためのコンタクトパーソン制度の確立である。コンタクトパーソンは、若者が後期中等教育プログラムに定着するか、労働市場と恒久的なつながりをもつようになった時点で終了するが、若者が教育を修了しなかった場合、または若者が25歳未満で失業した場合、コンタクトパーソン制度を再確立することができる。

第１章において目を引くのは、教育または雇用は15歳から17歳の若者の「義務」であるということである。ガイダンスは、若者の「教育および職業の選択」が若者本人および社会の双方にとって「可能な限り最大の利益となる」ことを目指す。その基本には、社会を構成する重要なメンバーである個々の若者が教育を受けて職業に就くことが、若者本人にとっても社会にとっても必須であるという考えがある。換言すれば〝就労しない自由〟はないと言える。若者が義務である就労を実現するために、特別なサポートが必要ならば、市はそれを遂行しなければならないということになる。

第2章は教育と職業のガイダンスについて定め、これについては本書第2章で引用した「青少年の教育と職業の選択についてのガイダンスに関する省令」により公布された。

第2章ａは、若者教育への入門コースと橋渡し教育について定める。入門コースは、若者が後期中等教育の動機づけに役立つことを目的とし、橋渡し教育は若者が後期中等教育プログラムを選択して修了し、若者の学問的および個人的なスキルを伸ばすための機会と動機を与えることを目的とする。

第4章は教育と雇用のためのデータベースについて定める。これはアナスが「ログブック」と述べていたものである。

第２節　積極的な雇用介入に関する法律
(Lov om en aktiv beskæftigelsesindsats)

この法律は２０２０年１月に施行された新しい法律であり、失業手当受給者、就労の準備ができた労働者で、就労移行支援を受けている人などを対象に、なるべく早く、正規の就労を実現するためのジョブセンター業務について定めるものである。

その目的は第１章第１条において「労働市場の適切な機能に貢献する」こととされ、その具体的な方策については、

１　求職者が仕事を見つけることを支援する。

２　求人、求職者と雇用者とのマッチング、労働力の確保に関連するビジネスサービスで民間および公共の雇用主を支援する。

３　仕事を獲得する、または維持するための努力を必要とする人、とりわけ、仕事の能力に制限のある人

に対し、労働市場への定着および完全または部分的な自立を視野に入れた個別的かつ目的的な努力により支援する。

4　就労に結びつく教育を受けていない若者に対し、通常の条件下での高等教育準備教育または職業準備教育を視野に入れた、個別的かつ目的的な努力により支援する。

第2項　介入を必要とする者については、介入は、労働市場への定着を視野に入れ、かつ、その者の状況およびニーズを考慮し、かつ、労働市場における具体的なニーズを考慮しながら可能な限り短期間で実施できるように組織されなければならない。この介入は、社会的および保健的介入と一貫している必要がある。

と定められる。

この積極的雇用介入を行うのは、各市に設けられたジョブセンターである。ジョブセンターは、求職者の就労を支援する役割を担い、ジョブセンターに登録した求職者への情報とガイダンスを提供する。一方、雇用者に対しても、求職者についての仲介、マッチング支援を行うし、失業者や仕事の維持に問題を抱えている人たちに積極的に取り組もうとする雇用者にはそうした雇用を円滑に進めるための企業サポートを提供する。雇用を促進するためにジョブセンターは、求職者と雇用者に財政的支援を提供する。ジョブセンターと雇用者は、企業インターンシップの契約を結ぶことができ、また、雇用者はインターンシップ参加者にメンターを割り当てることもできる。

ＫＵＩが支援する対象者が成人の場合、この法律のもとにジョブセンターと連携して、就労支援を行う。

第3節　コンタクトパーソン

コンタクトパーソン（kontaktperson）は、第8章の「若者支援に尽くしたカーステン・ボトカー氏の回想」にあるようにカーステンが現在担う仕事でもある。カーステンにコンタクトパーソンについて尋ねたところ、それを定義する法律はないが、通常、以下のように説明されると教えられた。

コンタクトパーソンは子どもまたは若者のために提供されるサポートである。コンタクトパーソンは、日常生活におけるサポートまたはガイダンスを必要とする子どもおよび若者を担当する。家族全体を担当することもある。当該の若者または家族がコンタクトパーソンを活用すべきかどうかを判断するのは市である。

コンタクトパーソンについてインターネットで検索して出会ったGenvejene（近道を意味する）というコンタクトパーソン派遣組織はそのウェブサイト(2)でコンタクトパーソンについてこのように説明する。

コンタクトパーソンは、市が一定期間特別な支援が必要であると判断した場合に受けることができる支援です。

法律におけるコンタクトパーソンの記載を見てみよう。

先述したように「25歳未満の若者に対する市の取り組みに関する法律」第1章dは、KUIの仕組みにコンタクトパーソン制度を置き、コンタクトパーソンを必要とする若者が後期中等教育プログラムに定着するか、労働市場と恒久的なつながりをもつようになった時点で終了するが、若者が教育を修了しない場合、または若者が25歳未満で失業した場合、コンタクトパーソン制度を再確立することができる、とする。社会サービス法第98条においては「必要に応じて、市は視覚・聴覚障害者のための特別なコンタクトパーソンという形の支援を提供しなければならない」、第99条において「市は精神障害のある人、薬物やアルコールの乱用者、および自分の住宅を持っていない、または住むことができない特別な社会的問題を抱えている人々のためのサポートとコンタクトパーソンを提供する」と規定される。

子ども法においては、第32条で「子ども、若者、家族のための支援的介入」を定める中で、第3項に「子どもや若者、または家族全体への恒常的なコンタクトパーソンを指定する」とある。

コンタクトパーソンについては、今後、実地調査を進めたい。

第3章　注

（１）佐藤桃子「デンマークにおける子どもの社会的養護――予防的役割の必要性」大阪大学『年報人間科学』２０１４年、53–71ページ。

（２）Genvejene（２０２４年4月24日最終確認）。
https://www.genvejene.dk/

第４章

若者を社会につなぐ新しい道の模索
――ＦＧＵ（準備的基礎教育）の創設

谷　雅泰

第１節　前身としての生産学校

本章では、デンマークで新しく創設されたＦＧＵ（準備的基礎教育）について述べる。

デンマークにはこれまで生産学校と呼ばれる学校機関があり、日本の研究者からも注目されてきた。(1) 筆者らも過去デンマークの教育に関する調査を行う中で、いくつかの生産学校を訪問してきた。

佐藤裕紀によれば、「生産学校は教育・労働市場から早期にドロップアウトした16〜25歳の若者を対象とした、『社会的包摂』『再チャレンジ』のための教育機関」であり、「そもそもは１９７８年に、若者の失業対策として」始まり、１９８５年に生産学校法が制定された。そこでは「教育制度や労働市場への参加機会を改善するため『個人の人格的な発達』の促進」が目的とされていた。(2)

本章で扱うＦＧＵ（Forberedende grunduddannelse　準備的基礎教育）は、２０１９年に生産学校を廃止して新しく設置されたもので、生産学校の特徴を受け継いでいる。特徴を端的に示すならば、ドロップアウトした若者が対象である点、また、日本では特に注目された点であるが、ワークショップなど実際の体験での学びが主な内容である点、などが挙げられよう。そのつながりを示すものであろうが、全国にある学校数も、佐藤が紹介する生産学校の約80校という数字と、後で紹介するＦＧＵの学校数はほぼ見合っており、実際、第3節で紹介する例のように、生産学校を母体に設立されたＦＧＵは多いものと思われる。

もっとも、両者は全く同一というわけではない。後に見るように、新しいＦＧＵには3つのコースが設けられているという点が最大の違いである。生産学校の直接の後継者はそのひとつのコースに過ぎない。しかし、どのコースも生産学校の方法をとるとされていることなどを含め考えると、生産学校が拡大されたものと見ることもできる。

第2節　ＦＧＵ創設の背景と政党間合意

その創設の方向性が定められたのが、２０１７年10月13日の政党間合意「教育と就職へのよりよい道に関する合意」であった。(3) デンマークは政権交代がよく行われる国だが、国民学校法の改正なども含め、重要な制度変更に関しては、その時々の政権与党だけで方向性を決めることをせず、野党も含めて議論し、決定する。この合意が行われたときは、中道右派政権であったが、政権を構成する3党だけでなく、極右政党で閣外協力をしていた国民党、また野党の社会民主党などの左派ブロックなど、8党により合意されている。ちなみにその後、２０１９年の総選挙では左派が過半数を獲得し、左派政党間で組閣交渉の結果、社会民主党単独政権とすることで合意し少数単独政権が成立した。したがって、この合意の実行は社会民主党政権のもとで行われることになる。なお、２０２２年12月の総選挙では、社会民主党が第1党となるものの、左派で過半数を獲得できず、中道左派の社会民主党と中道右派の穏健党による大連立内閣が成立した（首相は引き続き社会民主党のフレデリクセン）。政権が様々に形を変える中でも新しい制度が育ってきているのは、この政党間合意という方法をとっていることが大きく影響していると思われる。

「合意」に戻ろう。日本での政党間の合意文書でイメージするものと大きく違い、36ページにもわたる文書である。問題は25歳未満の若者約５万人が教育にも仕事にも就いていないこととされている。全体として複雑なシステムからより単純なシステムに移行する必要があるともしている。そして、教育的には生産学校のワークショップの方法に学び、若者が青少年教育を完了し、労働市場に永続的な足場を築くための準備を行うものである。

すべての若者が良好な生活を送れるようにする責任を市に課したことも重要である。第２章で扱った若者支援のための機関ＫＵＩと連携しながら、ＦＧＵは運営されている。

合意では制度に関して詳細に決められていて、実際の制度については次節で説明するが、その他、興味を惹かれた点をいくつか紹介すると、まずディスレクシアを含む特別なニーズのある学生への対応を求めている点が挙げられる。また、生徒の健康と良好な栄養のために、適切な食事をとって良好な生活習慣を身につけることが重要であるとし、毎日一食以上の食事を提供することが学校の義務とされていることも日本からみると興味深い。この点も法律に明文化され、実施されている。

第3節　FGUの制度

FGUの目的

2019年5月、準備的基礎教育に関する法律（以下、FGU法）[4]が制定され、2019年8月に発効した。ここでは、FGU法、25歳未満の若者に対する市の取り組みに関する法律、および子ども教育省発行の『準備的基礎教育に関する法律および省令ガイド』[5]に拠りながら、FGUについて概観してみよう。

FGUは、青少年教育を完了する、あるいは非熟練雇用に就くための知識・技術・技能や動機を学生に提供するものである（第1章　教育の目的　第1条）。精神の自由、平等、民主主義に基づき、社会に貢献できるようにすることを目指し、目的として以下の4点が挙げられている（第2条）。

1）生徒の自主性、職業的、個人的、社会的発達と能力を強化する。

2）民主主義と、民主的共同体の平等な市民としての社会生活、学生の社会的関与、民主主義の形成、および社会への積極的な参加能力を強化する。

３）生徒に職場での協力と労働条件、職業生活における権利と義務の経験と知識を与える。
４）生徒の社会的流動性の機会を促進し、潜在能力を最大限に開発する。

生徒は職業教育への入学資格を与えられるが、高校卒業資格のための２年間のコースの入学資格も与えられなければならない（第３条）。それまでの生産学校の場合、生産学校法によるという点では制度内の学校とも言えるが、ドロップアウトした生徒の仕事や学びへの動機づけを目的としている正規のルート外の学びの場であった。ＦＧＵは正規のルート内に戻す少し遠回りのバイパスのように機能することが期待されているようだ。現在のデンマーク子ども教育省の教育システムを示した図の中では、ＦＧＵは第９学年から第12学年にまたがり、後期中等教育、職業教育・訓練と並べられて他の学校とは直接ラインで結びつけられていない形だが、記されている。(6)

入学資格は満25歳未満で、市が対象者であると評価した人であり、職業教育の入学要件を満たすためにデンマーク語と数学のいずれかまたは両方を学ぶだけで十分であると認められる人や一般科目の指導のみが必要とされる人も入学可能で（第４条）、市がこれが最も効果的な教育提供であると評価し、本人が同意した場合にＦＧＵ教育を受ける権利を有する（第５条）。

市が担う職務については、25歳未満の若者に対する市の取り組みに関する法律に規定されている。同法は、市によるガイダンスは、すべての若者が職業資格につながる教育および訓練を修了することを含め、教育および職業の選択が個人および社会にとって最大の利益をもたらすことを確保することに寄与するもの（第１条第１項）とし、「個々の学生が教育制度と労働市場の前提条件と要件を現実的に理解することを保障するもの」（同条第2項）であり、なおかつ「特別な指導がなければ、教育または訓練課程の選択、開始、修了、または職業の選択に困難を抱える、または将来抱えることになる若者を特に対象とするもの」（同条第3項）としている。市は生徒の進学の支援に関連して様々な責務を負っており、前期中等教育に相当する学年から生徒への取り組みを行うとされているが、例えば9年生と10年生の進学の目標値を職業教育・訓練と高校のそれぞれについて立て（第1条a第1項）、公表することが求められている（同第3項）。日本と異なると思われるのは、高校進学者が多ければよしとされるのではなく、職業教育・訓練が10%未満である場合には、それを高めるための行動計画を立てることが義務づけられていること（第2項）であり、高校の希望者が多いがドロップアウトも多く、社会としては労働者不足に対応することが求められているデンマーク社会の現実を反映したものである。それまではUUが担ってきたこれらの業務が市に移行したことに伴い、多くの市で発足したのがKUIだが、それについては第2章で詳述した通りである。

3つのコース

さて、FGUの教育期間は原則2年間である（第8条）。そして、次の3つのコースが設けられるとされたことが一番の特徴であろう（第10条）。

一般基礎教育（AGU）

実践を重視した総合科目の教育　職業教育または職業訓練の資格を取得したい若者対象　3分の2は理論、3分の1は実践

生産基礎教育（ＰＧＵ）

生産学校のワークショップ教育が出発点　実践的な学習アプローチの若者対象　資格に基づいて職業訓練または単純労働に移行　しっかりした労働習慣を身につける機会を与える　３分の２は生産、３分の１は理論

職業基礎教育（ＥＧＵ）

契約に基づく実習が出発点　就職を希望し、職業訓練を継続する可能性がある若者対象　良好な労働習慣とスキルを取得　３分の２はインターンシップ、３分の１は学校

各ＦＧＵには、必ずこの３コースを設置しなければならない。先に、３つのコースのうち生産学校により近いコースはひとつ、と書いたが、それはＰＧＵを指している。ＡＧＵは、進学したいが何らかの事情で成績が足りない生徒のためのコースであり、外国にルーツがある生徒のケースなどがあると考えられる。ＥＧＵは契約した企業での実習を中心とした学びのコースである。

各コースには基礎コースがあり、ＡＧＵのための基礎コース、他のふたつの基礎コースに分かれる。

15の教育原則

ＦＧＵの教育の特徴を表すものとして、15の教育原則（Didaktiske principper for FGU）がある。『ガイド』ではＦＧＵの政令に添付されていると紹介されている。抄訳の形で紹介してみよう。(7)

ＦＧＵの教育原則（抄訳）

学校の全体的な運営は、教科や専門的テーマの教育、その他の活動について、次の一般的な特徴に基づいて行われる。

1　**実践に基づいた教育と学習**　具体的な環境でコンテンツを扱う。本格的な作業の形式で行われる。学生は学んだことを関連する文脈で応用するよう教えられる。学生は専門的な学習だけでなく、専門教育と一般教育を達成する。

2　**実践コミュニティ**　学生は実践コミュニティに参加し、職場の仕事に参加するための教育とスキルを強化する。

3　**信頼性**　教師は生徒にとってリアルなモデルであり、その信頼性は専門的テーマの一部である雇用分野での知識と経験に基づく。

4　**包括的な教え**　授業は、生徒が知っている、または知るために学ばなければならない全体に基づいて編成される。学習プロセスは小さな部分に分割され、コンテクストが生徒に見えるようになる。

5　**可視的な学習目標**　特定のテーマと教育の構成、何を学ぶべきか、なぜ学ぶべきかが生徒に見えるように設定される。

6　**学習戦略**　生徒が習得できる様々な学習戦略が明示される。実践的な学習と理論的な学習双方で、学ぶ前（既存の知識と経験の活性化）、学ぶ過程（処理と体系化）、学んだ後（応用と統合）の作業戦略が含まれる。

7　**明確な構造**　指導と学習のプロセスは、各生徒の進歩を考慮して構造化された方法で組織される。明確な構造には教育、コラボレーションの形式、および課題解決のためのフレームワークが含まれる。生徒には積極的に取り組む必要がある作業が提示される。

8 **個別化**　出発点は学生の前提条件と目標。前提条件には、学業、社会、個人の条件が含まれる。学生は様々なレベル・ペースで学習し、個々の教育計画やコース計画においてそれぞれの目標をもっている。それに基づいて、教育は個別化された方法で組織され、実行される。

9 **イノベーションと製品開発教育**　学生は個人的・専門的・社会的能力を活用して製品を製作・開発する。

10 **包括的な学習環境**　教師は個々の生徒のニーズと課題に焦点を当てる。同時に、教師は状況に応じて生徒が様々なグループで学習することに重点を置く。これには、個人の前提条件、可能性、ニーズ、興味に基づいたコミュニティのための教育の組織化が含まれる。生徒の学習の開始点が異なるという事実に対応するために様々な方法が使用される。

11 **言語上の注意**　あらゆる教育場面において、生徒の日常言語と学術用語の間に橋を架ける必要があるという事実に注意を払わなければならない。

12 **評価**　教師は、学力の進歩や、設定された学習目標を達成するために生徒が今後取り組まなければならないことについて生徒と対話する。このフィードバック・プロセスが、生徒と教師の両方の学びについての振り返りと、設定された学習目標の達成に貢献する。

13 **明確化と指導**　教育と就職に関する方向性について、教育の内外で学生との継続的な対話が行われる。学生が学習やその他の経験を継続的に取り入れて、自分の選択を適切なものにすることに重点が置かれる。

14　**健康・栄養・運動**　これらは教育のあらゆる部分に不可欠な部分を形成する。

15　**形成**　教育、学習、そして教師と生徒、そして生徒同士の関係を通じて、若者は社会の市民となりコミュニティの参加者として形成される。したがって、教育は人間として、市民として、そして労働者として理解し、参加するためのツールを提供することによって、生徒の世界を開かねばならない。それは、生徒が世界と責任をもって関わり、様々なコミュニティに積極的に参加するのに役立つ基本的なスキルの習得をサポートするものでなければならない。

先に、生産学校の方法に基づいて、と書いたが、それが具体化されているのがこの教育原則であると言って間違いないだろう。キーワードを挙げるなら、実践、社会、包括的、対話、構造化、個別化などである。難しい専門用語を日用の言葉とつなげる注意などもきめ細やかである。

カリキュラム

まず、基礎コースでは、以下の科目を学ぶ必要がある。

・デンマーク語または第二言語としてのデンマーク語　・数学　・各教育コースの紹介　・選択科目

次に、各コースで共通に学ばれる一般科目が次のようなものである。

・デンマーク語　・第二言語としてのデンマーク語　・数学　・英語　・科学　・社会科学　・アイデンティティと市民権　・家庭経済、職場学習、共同学習、ビジネス学習（ＰＡＳＥと略される）　・オプション：テクノロジーの理解

ＰＧＵとＥＧＵの学生に提供されるテーマは、政令で次のように定められている。各教育機関は、このうちどれを提供しているかをウェブサイトで公表する。

・ケアと健康　・貿易と顧客サービス　・観光、文化、レジャー　・音楽および芸術作品の制作　・食事と栄養　・環境とリサイクル　・農林水産業　・建物、住宅および設備　・コミュニケーションとメディア　・エンジンとメカニック　・サービスと輸送　・産業（プラスチック、金属など）

評価

入学者は市が決定することは先に述べた通りで、具体的にはＫＵＩが本人と相談して決める。その限りでは入学試験のようなものがあるわけではない。しかし、入学するとデンマーク語と数学のレベルを評価されることになる。それに基づいて、個々の教育計画が立てられる。２年間の学びの間に、教員と生徒の間で計画の目標が達成されているかの話し合いがもたれ、評価が行われる。

２年間の期間が終了する時点で、あるいはそれぞれのレベルを完了した時点でも、生徒は試験を受けなければならない。原則として、数学、デンマーク語または第二言語としてのデンマーク語、一般的な主題の３

つの試験は必須である。またその他の科目についても、ポートフォリオテストや実技テストなどが行われることとなっており、政令や『ガイド』に実施の詳細が定められている。

教育の修了が試験で確かめられる必要があるのは、それが証明書に記載され、その後の教育や就職に必要となるからで、例えばデンマーク語などの科目についてDレベルであるとかGレベルであるとかが記載されることとなっている。生産学校と異なるFGUの特徴として挙げられるのは、この点、すなわち修了者の評価が細かく行われる点、そしてそれによりその後の進路が決まっていく点である。これについては後にもう一度考えたい。

FGUの運営

さて、この節の最後に、学校の運営についてみておきたい。FGU機関の協会であるFGUデンマークのホームページ(8)を見ると、FGUを運営する機関は27あり、89ある市を分担している。各機関が1から7の市をカバーしている。つまりその範囲の市のKUIから紹介された生徒が入学することになる。ただし、専門テーマとの関係で、通学可能な他の区域にあるFGUに入学することもある。ひとつの機関が複数の学校を運営している場合が多いので、学校数は2023年度、85校である。

運営費は公費でまかなわれており、市が65%、国が35%を負担する。FGUの成功にとって財政的な側面の影響が大きいことはしばしば指摘されているようで、2023年6月にマティアス・テスファイ子ども教育大臣が新聞に投稿した記事として省のホームページに紹介された文章で、大臣は次のように述べている。(9)

ＦＧＵが困難なスタートを切ったということは認める。財政的な問題があり、学生数は予想よりも大幅に少ない。私たちはそれを承知している。そのため、政府は２０２３年に財政法で１億６千７百万デンマーククローネの特別補助金を確保した。

この記事の中で大臣は、ＦＧＵがほとんど知られていない、とした上で、教育にも職にも就いていない若者が４万２千人おり、人生の早い段階でコミュニティの外に置かれ、敗北を喫することはこれらの若者にとって不公平であり、時間がたてばたつほどチャンスは少なくなるから、ＦＧＵこそが正しい道である、とする。ＦＧＵが約９千人の生徒に毎日大きな変化をもたらしているとし、「見習いシェフや大工として腕を試したり、あるいは地元の老人ホームを訪問することで視野を広げることもできるかもしれ」ない。大臣は子ども教育省の統計では２０１９年8月から２０２２年8月までにＦＧＵを修了した学生の65％が、4ヵ月後に教育を受けているか就職していることを肯定的に述べている。問題は4万2千人の若者が困っているのに対し学生数が９千人という現実であり、その背景に財政問題があるという認識を示したものであろう。

第４節　ＦＧＵＮｏｒｄについて

さて、それでは実際のＦＧＵの学校はどのように運営されているのであろうか。私たちは、２０２３年９月21日、コペンハーゲン北部にあるＦＧＵＮｏｒｄのバレルップ（Ballerup）校を訪問し話を聞いた。対応してくれたのは、校長／ＣＥＯであるティナ・エンセン（Tina Jensen）先生他数名のスタッフである。以下、同機関を例にとり、ＦＧＵが実際にどのように運営されているのか、紹介してみよう。(10)

生徒

ＦＧＵＮｏｒｄは訪問したバレルップ校とグラッサックス（Gladsaxe）校のふたつの学校を運営している。前身は、ふたつの生産学校とひとつの成人教育センターであった。

現在３４５人の学生がいて、スタッフは80名、うち教師が60名である。３つのコースがそれぞれの学校にあるが、生徒の内訳は、だいたいＡＧＵに90名、ＰＧＵが２２０名、ＥＧＵが5名である（先ほどの総計とは合わないので質問したが理由はよくわからない）。生産学校の流れを直接にくむＰＧＵが人数的にも中心を占めることがわかる。生徒は市のＫＵＩに紹介されてこの学校に来ている。

デンマークの学校は８月が年度はじまりなので、私たちが訪問した9月はほぼ年度はじめであった。では、前年度の修了者はどのような進路へ向かったのか、質問してみた。直前の２０２２／２３年度修了者について、次のような回答だった。３２６名のうち、通常の教育に進学した１０４名、通常の就職45名、他のＦＧＵへ４名、ＳＴＵ（障害のある生徒の学び、第6章を参照されたい）６名、フォルケ・ホイスコーレ１名とのことである。例えば、ＥＧＵに在籍し、ＩＴ企業で実習した生徒が、その能力を見込まれ、乞われてその企業に就職したケースがあることも、学校関係者から成功例として語られた。そのようなケースも含め、５割ほどは次の学校か就職に進んでいて、この場合、ＦＧＵの目的が適えられたということになる。

学校を「卒業」するという日本の感覚とのずれを常に意識しないと理解しづらいのだが、２年間在籍して卒業の資格を取るという感覚があまりない。例えば、６月と12月に試験があり、高校に行くためにデンマーク語で必要な成績がその試験でとれてしまえば、たとえ入学して半年でも次のステップに進むのは全くＯＫである。また、最初の２週間は見極め期間であり、適性を試し、生徒側でも学校側でも、合わないと思えばＫＵＩのところに戻るということもあるようで、昨年は１３０名がそうだったそうだ。その他に36名は治療などのための機関に移っていったとのことである。

実際、それほどの困難を抱えた生徒たちのためのコースなのである。説明の中では、「様々なバックグラウンドをもった生徒たちが集まっています。通常の教育システムには馴染まない何らかの困難を抱えている、という点は共通。困難とは、義務教育に合わない、ストレスや不安、抑うつに苦しめられている、教育を選択する準備ができていない、など様々です」と話された。なお、外国にルーツのある生徒はどれくらいかを聞いたが、正確な統計は取っていないようだった。ただ、２割くらいではないか、という回答が返ってきた。この数字はおそらく地域によって違い、この学校は低めなのではないかと思う。というのは、移民が居住する地域がコペンハーゲン近郊の中で偏在しているからで、本研究を進めるにあたり、私たちのアドバイス役を務めてくれたカーステン・ボトカー氏の活動の舞台であったコペンハーゲンの西部近郊にあたる地区は、移民が多い地区であったのに対し、この学校が所在する北部は、移民が少ない地域だからである。

その他、いくつか関心のあることを尋ねてみた。ひとつは、前身の生産学校と比べてよいと思う点、難しいと思う点についてである。それに対しては次のような回答が返ってきた。生産学校には学習目標が（公的に）決められていなかったので、主に何人の生徒が通常の職業や教育に進んだかで（成果が）測られていた。それに対して、ＦＧＵには教育省により定められた目標があり、また法により実業教育とともに一般教育を行う義務もあって、その両者が最終試験に向けて機能している。そして、政府による規制があり、ＦＧＵには質保証が求められる、ということであった。ノンフォーマルな教育からフォーマルな教育へと組み込まれたことにより、質の均一化が求められるのは必然であるが、このことについては本章の最後でもう一度考えてみたい。

問題点はないのか、さらに聞いた。それに対しては、経済的問題が一番大きい、という回答であった。この点について政府も意識的であることは先述した通りである。

ＦＧＵとＥＤＵ10の違いについても聞いてみた。最大の点は、ＦＧＵでは生徒と包括的に（ホリスティックに）関わるという点だと説明された。具体的には、カウンセラーが３名いて、問題があればＫＵＩとも連携する、また小規模のクラスなので教師が生徒のことをよく知っていて、来なければ電話するなどのことができきる。また、教育内容もEUD10はより一般的だ、という説明であった。それに比べてFGUでは実践の中で学んでいく。例えばグラフィックデザインのワークショップに数学の先生が来て、実用的な計算を学ぶ、などのこともある。

PGUのワークショップと一日

PGUについて、どのようなワークショップが設定されているのかみてみよう。

バレルップ校

人の食べ物、建物と敷地のメンテナンス、木材と工芸品、グラフィック制作、デジタルデザイン、自動車、自転車と金属、音楽、プロデューサーと照明、映画とテレビ、教育と文化、建築塗装

グラッサックス校

グラフィックデザインとWebデザイン、再デザイン、建築塗装、建物と敷地のメンテナンス、写真とビジュアル・コミュニケーション、美食、健康と教育、健康と福祉

両校で名称は異なるが、人の食べ物、と美食（ガストロノミー）というワークショップはそれぞれ調理を主な内容としており、後で述べるように朝食と昼食を提供している。その他のコースは共通のものもあるが、それぞれ前身の生産学校から引き継いだ特徴的なものが多い。例えばグラッサックス校の前身はルンビュー・メディア学校（Medieskolen Lyngby）であり、メディア関係に力を入れてきた影響が残っている。

表4-1　時間割

	月曜	火曜	水曜	木曜	金曜
7:54-8:00	準備	準備	準備	準備	準備
8:00-8:30	出席確認／朝の会	出席確認／朝の会	出席確認／朝の会	出席確認／朝の会	出席確認／朝の会
8:30-8:40	朝礼	朝礼	朝礼	朝礼	朝礼
8:40-9:00	朝食	朝食	朝食	朝食	朝食
9:00-10:20	教育／ワークショップ	教育／ワークショップ	教育／ワークショップ	教育／ワークショップ	教育／ワークショップ
10:20-10:30	休憩	休憩	休憩	休憩	休憩
10:30-12:00	教育／ワークショップ	教育／ワークショップ	教育／ワークショップ	教育／ワークショップ	共通アクティビティ 10:30〜12:00 移動可能
12:00-12:30	昼食	昼食	昼食	昼食	
12:30-14:00	教育／ワークショップ	教育／ワークショップ	教育／ワークショップ	第2のアクティビティ／クリーン 12:30-14:00 移動可能	
14:00-14:30	学校での個人管理時間 最終準備 + FGU　予定	学校での個人管理時間 最終準備 + FGU　予定	学校での個人管理時間 最終準備 + FGU　予定	学校での個人管理時間 最終準備 + FGU　予定	
14:30-16:00		一般的な準備：進捗計画（-会議）14:30-15:30	一般的な準備：進捗計画（-会議）14:30-15:30	一般的な準備：進捗計画（-会議）14:30-15:30	

バレルップ校では木工関係、音楽は前身を引き継いだものであり、私たちも後述するようにそれらの活動を見せてもらい、力を入れている様子がわかった。指導者や機材などを引き継ぐのであれば、それは合理的である。一方、建物と敷地のメンテナンスについては、両者に共通するが、前身校にはなかったワークショップである。学生や社会のニーズを見ながら、変えていけるのがワークショップのよさなのだろうと考えた。

生徒は一日をどのように過ごすのだろうか。時間割をもらったので、**表4-1**で示す。生徒は8時前に登校し、8時から出席確認や朝礼などを行う。その後、食堂でみんなで朝食を食べる。その調理を担当するのは、ワークショップの学生である。先に見たように、国の決まりで１日１食は学校が無料で提供しなければならない。この学校では昼食もあるが、無料なのは朝食の方で、昼食は希望する生徒に有料で提供されるとのことであった。

９時からワークショップ（またはデンマーク語などの座学）が始まる。月曜から水曜日は３コマ、木曜が２コマ、金曜日が１コマで計12コマ、週で正味16時間と少しとなる計算である。その他の時間、個人でのワークに使う時間が９時間ちょっと、総計で約26時間である。これは、政令で決められた生徒の平均最低時間数26時間を満たしていることがわかる。

私たちも質疑応答の後、建物内を案内していただいた。ＡＧＵでは入ったばかりの１年生と２年生が一緒に座る中で、先生がいま取り組んでいるワークについて話してくれた。ＰＧＵでは映像関係、グラフィックデザインと印刷などの教室は機材を見せていただき、また木工の教室では生徒たちが制作に励む姿も見学できた。印象深かったのは、音楽のワークショップで、バンドで１曲披露してくれた。ギターを弾くふたりの教員とドラムスの生徒の前で、一人の女子生徒がボーカルをつとめ、歌い上げた。後で教師に聞いたところでは、ボーカルの彼女は、日頃はコミュニケーションをとるのが難しい生徒だという。音楽で見事に自己表現する姿に、ＦＧＵの本来目指すべきところを見たように思った。

企業の協力と実習の重視

ＥＧＵは生徒と企業と学校の契約により、生徒が週４日間、企業に出かけて実習を行うコースである。１日は学校へ来て座学を学ぶ。企業での実習については契約に基づいて給料が支払われる。

ＩＴ企業に実習からそのまま就職したケースを先ほど紹介したが、この生徒は何らかの事情で義務教育の修了試験を受けていなかったため進学できず、この学校に来たが、もともとＩＴについては能力があったようで、それを企業に見込まれ、試験でデンマーク語と数学の必要な成績をとれたらすぐに学校をやめてその企業に入り、会社の支援で次のより高い教育を受けたそうである。これはなかなかレアなケースであろうと思われるが、企業については特に業種などに制限はなく、現在は３つの会社と学生の間に契約が結ばれているとのことである。保育園の場合などが多い。

企業の協力は、ＥＧＵに限らず、学校全体でそうである。ＦＧＵＮｏｒｄの特徴を尋ねたところ、ビジネスライフを重視しているという回答が返ってきた。生徒たちにいろいろな専門分野を知ってもらい、自分の進路選択を考える参考にしてほしいということで、ふたつの取り組みがある。ひとつは生徒たちが年に２週間、職場体験を行うこと。ＡＧＵも例外ではなく、話をした一人の学生は来週からホテルでの実習が始まる、と楽しそうに話してくれた。その職場体験でそのまま就職してしまったり、４週間の体験をする生徒もいるそうだ。

もうひとつはいろいろな職業人に学校へ来て話してもらったり、職場を訪問して話してもらったりすること。また、ＡＧＵの場合は職場だけではなく、職業学校を訪問することもある。

第５節　まとめ

以上、ＦＧＵがどのような学校として構想されたのかを述べ、訪問したＦＧＵＮｏｒｄでの見聞に基づいて学校がどのように運用されているのかを記した。

ＦＧＵＮｏｒｄでの説明の表現を借りれば、ＦＧＵは、それまで行われてきた生産学校と、25歳未満で教育を受けず、職にも就いていない生徒への対策というふたつをひとつに合わせたものである。デンマークの政策課題から必然的に出てきた方向性であると考えられる。ＥＵＤ10との違いとして語られていた、少人数で全人格的に関わることによる教育効果という点も、私たちがクラスの様子をみても納得できるものであり、ワークショップで学ぶ、という点も含め、生産学校のよい点が生かされていると考える。

一方で、生産学校は生産学校法に規定されていたという意味では公的なものであっても、学校教育の中にはシステム的に位置づいていないという点ではノンフォーマルな教育であった。だから、おそらく質的には粒の揃わないところもあったはずである。ＦＧＵはフォーマルな学校教育の中に位置づけられ、デンマーク語や数学の学びが必須となり、そのかわり、試験を受けて次のステップに進むことも可能になった。また、目的などが法定化され、内容もそれまでと比べれば細かく国により規制され、質保証も厳格になったと言える。

おそらく、生産学校の後継であるＰＧＵについてはこれらは機能強化となるのではないかと思われる。現に、その後のステップに進んでいる生徒も多い。しかし、その他の、進学のために試験の成績がほしい、という生徒にもこのワークショップ方式、第３節で紹介した15の教育原則が適合的であるのかは、時の推移により明らかになるだろうと思われる。

なんにせよ、まだ5年目の制度である。今後を見守りたい。

第4章　注

（1）大串隆吉「ドイツ、デンマーク生産学校のデッサン――学校中退者・失業青年に職業訓練を」東京都立大学人文学部『人文学報』教育学第42号、２００７年、1-25ページ、など。

（2）坂口緑・佐藤裕紀・原田亜紀子・原義彦・和気尚美『デンマーク式生涯学習社会の仕組み』ミツイパブリッシング、２０２２年、第2章第2節「3　生産学校」。

（3）https://www.uvm.dk/publikationer/folkeskolen/2017-aftale-om-bedre-veje-til-uddannelse-og-job

（4）以下、法令については以下の子ども教育省のページから見ることができる。
https://www.uvm.dk/forberedende-grunduddannelse//love-og-regler

（5）２０２３年2月、デンマーク子ども教育省。
https://www.uvm.dk/-/media/filer/uvm/udd/fgu/pdf22/230310--vejledning-til-lov-og-bekendtgoerelse-om-forberedende-grunduddannelse-fgu-ua.pdf

（6）https://eng.uvm.dk/-/media/filer/uvm-eng/pdf/20/200109-det-ordinaere-uddannelsessystemeng.pdf

（7）便宜的に筆者において付番した。

https://www.uvm.dk/-/media/filer/uvm/udd/fgu/2019/apr/190426-didaktiske-pricipper-for-fgu-ua.pdf

（8）https://fgu.dk/

（9）https://www.uvm.dk/aktuelt/nyheder/uvm/indlaeg-og-taler-af-m/2023/230612-tesfaye-danmark-har-faaet-en-ny-uddannelse

（10）以下の情報も参照されたい。

https://fgunord.dk/

第５章

デンマークのインクルーシブ教育

――「障害者の権利に関する条約」を手掛かりにして

髙橋純一

本章では、デンマークのインクルーシブ教育について、その背景にある障害[1]に対する理念、特に「障害モデル」に着目して考察する。各国のインクルーシブ教育や障害者政策の背景には、一般的に国際連合（以下、国連）が制定した「障害者の権利に関する条約（以下、条約）」の影響が大きい。条約は２００６年12月に国連総会で採択され、２００８年5月に効力をもったものである。採択の際には、「Nothing about us without us（私たちのことを私たち抜きに決めるな）」というスローガンがあり、障害当事者の参加によって作成された経緯がある。条約の概要としては、「障害者の人権や基本的自由の享有を確保し、障害者の固有の尊厳の尊重を促進するため、障害者の権利の実現のための措置等を規定し、市民的・政治的権利、教育・保健・労働・雇用の権利、社会保障、余暇活動へのアクセスなど、様々な分野における取組を締約国に対して求めている」（内閣府）[2]とある。根底にはインクルージョンの考え方があり、例えば障害者が障害のない者と同様にどこで誰と住むか選択できる権利、婚姻や家族を形成する権利、障害のない児童生徒と同様に教育を受ける権利などが明記されている。この他に、障害者インターナショナル（ＤＰＩ）日本会議[3]や外務省[4]などにも内容についての紹介がある。また長瀬・川島・石川は対日審査に関して総括所見の分析を行っており、条約の基本的な理解も含めて参考になるので紹介しておきたい[5]。

デンマークは各国に比べて早期（２００９年７月）に条約を批准しており、国連の障害者権利委員会からの初回審査と勧告を受け（２０１４年10月）、それらに関する国内整備を実施してきた。この点で、デンマークは条約に基づいたインクルーシブ教育の展開については先進的であると考えられる。一方で日本に目を向けてみると、２０２２年９月に障害者権利委員会の初回審査があり、インクルーシブ教育に関して多くの指摘事項がある。もちろんデンマークと日本とでは文化などの背景が異なることは考慮しなければならないが、インクルーシブ教育の先進事例と考えられるデンマークから私たちが学べることは大いにありそうである。

インクルーシブ教育を理解するにあたっては、分離教育や統合教育も含めてそれぞれの違いからみていくとよい。特にインクルーシブ教育と統合教育は混同しやすいので、両者の違いについて整理しておく必要がある。分離教育は、特別支援学校、特別支援学級、通常学級などのように障害の有無で学びの場を分ける考え方である。歴史的には、この次に統合教育の考え方が登場する。統合教育は、通常学級をメインストリーム（主流）と考え、そこに障害のある子どもたちを統合しようとする考え方である。ここでは、障害のある子どもたちが通常学級の環境に合わせる必要があることに注意しなければならない。その後になってインクルーシブ教育の考え方が提唱されるようになってきたが、インクルーシブ教育では通常学級をメインストリームとは考えない。統合教育のように障害のある子どもたちが支援なしに通常学級に合わせようとすると、それが困難を生じさせるのは容易に想像できるだろう。インクルーシブ教育は障害の有無にかかわらず同じ場で学ぶという考え方であるが、その際には十分な支援の存在が前提となる。つまり、インクルーシブ教育を単に「みんなが通常学級で学ぶ」と理解してしまうと、それは統合教育の範疇を出ていないことになる。そうではなくて、インクルーシブ教育とは障害のある子どもたちが十分な支援がある状態で通常学級（あるいは新しい学びの場）で学ぶものと理解しなければならない。

デンマークがインクルーシブ教育について先進的であるならば、例えば「特別支援学校[6]は存在するのか」という疑問がわく読者もいるかもしれない。実際のところは、デンマークでも特別支援学校や国民学校（小・中学校）の特別支援学級などは存在している。これは分離教育と言えるが、この点は日本と変わらない。それならば、デンマークも見た目には分離教育を行っているとも考えられるわけだが、日本のインクルーシブ教育とは何が違うのだろうか。

デンマークと日本のインクルーシブ教育の違いについては、前著[7]でもデンマークでのインタビュー調査をもとに比較した。一部を紹介すると、デンマークの国民学校を対象とした調査からは、通常学級と特別支援学級との交流が盛んに行われており、それは子ども同士だけでなく教師同士でも同様であることがわかった。このことから、障害の有無にかかわらず、学校が住み心地のよい場所であるように配慮していることがうかがえた。さらに、デンマークのインクルーシブ教育が進んでいることの背景にある要因の抽出を試みたが、ひとつの可能性として、デンマーク社会における障害理解が進んでいることを見出した。確かにデンマークも分離教育を行っているように見受けられる部分もあるが、デンマークの人々の障害理解が進んでいる（あるいは差別意識が弱いとも言える）ことが根底にあり、結果としてデンマークと日本のインクルーシブ教育の違いを生じさせていると考察した。

このように前著では、デンマークのインクルーシブ教育が先進的と言える背景要因のひとつとして障害理解に行きついたわけであるが、それでは日本も障害理解が進めばインクルーシブ教育が展開されるのだろうか。障害理解を進めるにあたって、その背後にはさらにどのような要因があるのだろうか。障害理解を進めるのは社会の人たち——つまり日本で言えば私たち——であるから、当然、その人たちがもつ「障害に対する理念」が重要になるだろう。そこで次の疑問として、障害理解を進める上で根底にあるもの——デンマークの人たちの障害に対する理念とは？——が生じた。これをインタビュー調査によって検討したかったが、新型コロナウイルスが蔓延してからデンマークでの調査も実施できなくなってしまった。何もできずにいたかというとそうでもなく、条約に関して日本が初回審査を受けてデンマークの初回審査の指摘を受けたこともあり、それではということでデンマークの初回審査の指摘事項と対応について文献調査を行ってみることにした。そうすると、先の疑問に対するひとつの答えが見出せたような気がした。文献調査から

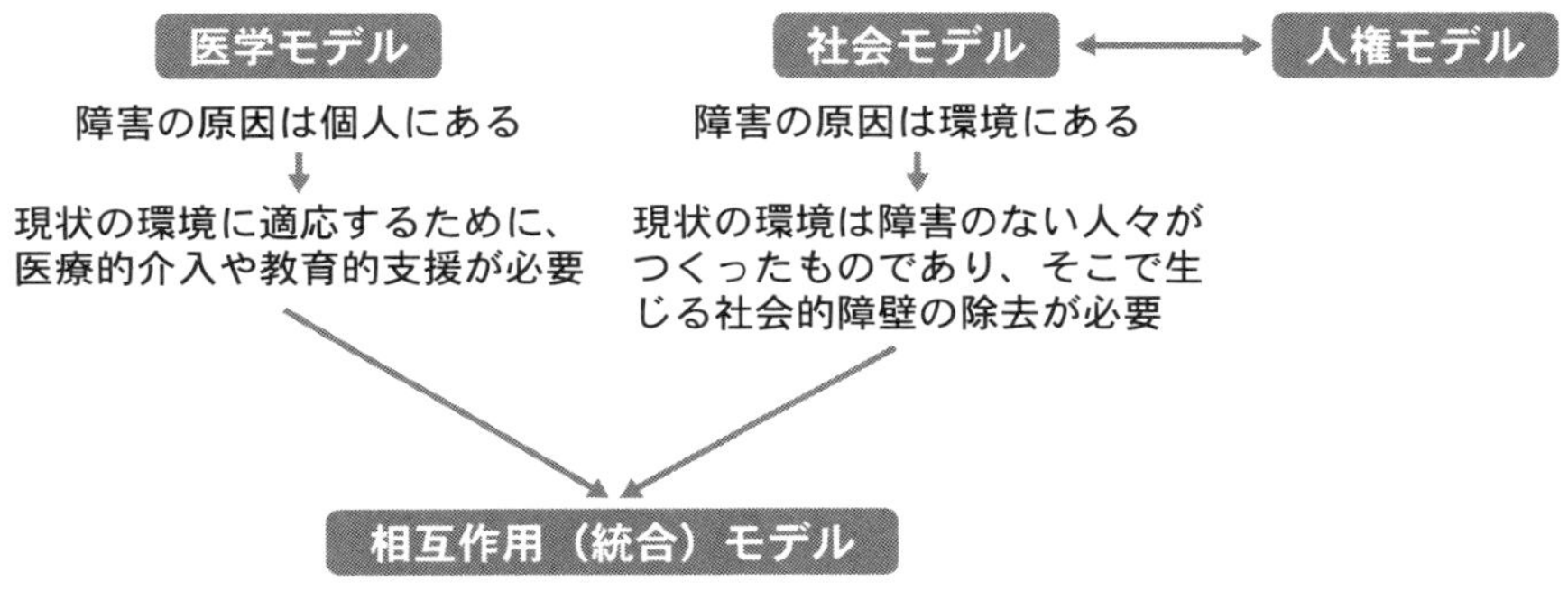
医学モデル
障害の原因は個人にある
現状の環境に適応するために、
医療的介入や教育的支援が必要
社会モデル
人権モデル
障害の原因は環境にある
現状の環境は障害のない人々が
つくったものであり、そこで生
じる社会的障壁の除去が必要
相互作用（統合）モデル

医学モデルと社会モデルが相互作用することで相互作用（統合）モデルとなる。また、社会モデルと人権モデルは補完的な関係にある[8]ことから、**図5-1**でも社会モデルと人権モデルの関連について両方向の矢印で示した。

図5-1　障害モデルの関連性

推測してみると、障害に対する理念の中でも特に「障害モデル」に関する表記や指摘事項がデンマークと日本とで明らかに違うのである。

障害モデルには、「医学モデル」「社会モデル」「相互作用モデル」「人権モデル」がある（**図5-1**）。医学モデルは障害の要因を障害当事者に求めるもので、社会不適応は障害当事者の機能不全によるものと考える。現状の環境に適応できることが重要とされ、医療的・教育的アプローチが主な手段となる。社会モデルは障害の要因を環境に求めるもので、社会不適応は環境（社会的障壁）によるものと考える。現状の環境に問題があると考え、社会や環境へのアプローチ、つまり社会的障壁の除去が主な手段となる。相互作用モデルは、障害の要因を障害当事者と環境の両方に求めるものであり、「統合モデル」とも言う。人権モデルは障害当事者に人間としての尊厳を求めるものであり、人権を保障するための条約の解釈（障害者への差別的行為を一切許容しない）を示しているとも言われている(8)。

それでは本題に入っていこう。２０２３年になってようやくデンマークでの調査ができる状況となり、これまでの文献調査からわかった障害モデルの違いをふまえてインタビュー調査を行うこととした。本章では、まず条約および障害者権利委員会における指摘事項を根拠としてデンマークのインクルーシブ教育について概要をまとめる。特に初回審査の指摘事項に基づいてデンマークと日本のインクルーシブ教育を比較することで、両国の違いを明らかにする。この違いについて、障害モデルに着目し、私たちがデンマークで実施したインタビュー調査の事例をまじえて考察する。

第1節　障害者の権利に関する条約から見たインクルーシブ教育

デンマークの場合

デンマークが条約に署名したのは２００７年3月であり、批准したのは２００９年7月である。条約第35条によれば、条約が国内で効力をもった後2年以内に国連の障害者権利委員会に対して包括的な報告をすることになっている。また少なくとも4年ごとに（障害者権利委員会が要請するときはいつでも）、その後の報告を提出すると明記されている。これをふまえ、条約批准後のデンマークの動きについて、デンマーク政府と障害者権利委員会とのやり取りのうち主なものを抽出すると以下のようになる。

２０１１年８月　第１期報告書
２０１４年５月　第１期報告書に対する事前質問リスト
２０１４年７月　事前質問リストに対する政府回答
２０１４年９月　市民団体（DIHR：The Danish Institute for Human Rights）のパラレルレポート
２０１４年10月　障害者権利委員会による初回審査と勧告
２０１９年４月　第２・第３期連結定期報告に向けた事前質問リスト
２０２０年４月　第２・第３期連結定期報告書
２０２４年10月　第２・第３期連結定期報告書の審査と勧告

このように、デンマークについては現時点（２０２４年10月）で第2期・３期連結定期報告の審査までがなされている。それでは、特に２０１１年８月の第１期報告から２０１４年10月の障害者権利委員会による初回審査までを取り上げて概観してみよう。本章の目的はデンマークのインクルーシブ教育について考察することであるから、主に教育に関する記述（第24条）に着目して紹介する。また、その背景にある理念についても取り上げて考察したいため、一般的見解（第1条から第４条）にも触れることとする。

第1期報告書[9]の対象期間は、２００９年から２０１１年である。報告書のイントロダクションをみてみると、報告書の作成にあたってはデンマーク人権研究所（ＤＩＨＲ　条約の実施状況を監視する役割を担う）、デンマーク学習障害者協会（ＬＥＶ）、元精神科利用者団体（ＬＡＰ）、さらには様々な障害者団体など、関係者との対話集会を開催したことがわかる。条約のスローガン「私たちのことを私たち抜きに決めるな」が示すように、当事者でないと障害の主観的体験はわからない、つまり当事者中心で政策を進めてきたことがうかがえる。また、デンマークの行政単位に関する基礎情報として、広域圏（レギオン）と市に関する記述もある。ここでデンマークの行政単位の変化について触れておくと、デンマークは２００７年に地方自治体改革を行い、それまでは13の県（アムト）と２７０の市だったが、改革後は5の広域圏と98の市に変化した。県を廃止し、市を統合することで、結果的にそれぞれの市の自治権が強化された。この地方自治体改革が特別支援学校の管理・運営およびインクルーシブ教育に大きな影響を与えていることは前著[7]にて考察した。

さらに、「部門（セクター）の分担責任」という小見出しをつけて説明している箇所もある。これは、デンマークでは障害福祉政策の「４つの原則」と呼ばれている中のひとつで、この他には「平等な扱いの原則」「補償の原則」「連帯の原則」があるが、これらは次節で説明する。これらの他には、デンマークの課題についての記述も見られる。ここでは財政の赤字、生産年齢層の減少、離職率の高さなどが指摘されている。同時に、各市における障害者分野に対する支出の伸びが鈍化している状況も報告されている。

それでは、各条文に関して具体的にどのようなことが報告されているのか、まずは条約の一般的見解（第1条から第4条）からみていこう。第1条（目的）と第2条（定義）について一部抜粋すると、

（最初の数字は報告書のパラグラフを示す。以下、同様）

24　（中略）障害という概念は、他者と平等に、完全かつ効果的に社会参加する能力の喪失あるいは障害を対象としている。この定義では、障害者が他の人と平等に参加することを妨げる周囲の障害に焦点を当てることを意図している。障害という概念は環境に関連するものであるため、これ以上明確に定義することはできない。

27　第１条および第２条の定義は、対応するデンマークの概念と類似している。したがって、この条約における「差別」という概念も、「無関係で関連性がない消極的差別が起こるときに差別が生じる」と規定する法慣習にしたがって解釈されるべきである。

という記述がある。パラグラフ24では、障害者が他の人と平等に参加できない原因は周囲の環境にあるとしていること、特に障害という概念が環境に関連するといった記述から、先に説明した障害モデルのうち社会モデルを基礎としていることがうかがえる。またパラグラフ27の記述から、この障害モデルに関して、条約の定義とデンマークの定義とは同様であること、つまりデンマークが社会モデルを基礎として障害を捉えていることも指摘されている。

第３条（一般原則）では、

29　デンマークの障害者政策は補償の原則に基づいており、それは社会が機能障害のある人々に対して、その障害の結果をできるだけ限定したり相殺したりするために、多くのサービスや救済措置を提供することを意味する。補償は、障害者が障害のない人と同じ出発点をもつことを保証しなければならない。

とあり、パラグラフ29は先ほど紹介したデンマークにおける障害福祉政策の４つの原則のうち補償の原則に関する記述と言える。

第４条（一般的義務）では、

32　デンマークの条約批准プロセスにおいて、デンマークの法律が条約を遵守しているかどうかも含め、その影響と前提条件が徹底的に分析された。

34　デンマークは条約を批准する前に、デンマークの法律が条約の義務を遵守していることを確認した。
（後略）

38　政府は、障害者分野における長期的で複合的な新たな行動計画の作業を開始した。行動計画の作業はふたつの段階に分けられ、以下に簡単に説明する。

39　第1段階は、障害者分野の動向と課題を把握するための分析で、その目的は主要な課題と優先行動分野を決定することである。分析は、関連する主要なステークホルダーの参加を得て実施される。

40　第2段階では、この分析結果をもとに、５～10年先を見据えた障害者分野の新たな行動計画を作成する予定である。

とあり、パラグラフ32および34の記述から、条約批准に際してデンマーク国内の法整備が十分であったことがうかがえる。これは、デンマークは他の国よりも比較的早期に条約を批准したにもかかわらず批准の時点で国内法整備を行う必要がなかったということを意味しており、この点でも福祉制度については先進的と言えるだろう。また、パラグラフ38、39および40の記述から、新たな行動計画(10)（国家障害者行動計画：the National Disability Action Plan）についての言及がある。この国家障害者行動計画は２０１３年に作成されたもので、４つの原則とも関連がある。これについても後で紹介する。

次に、インクルーシブ教育の記述がある第24条（教育）について概観する。まずは小・中・高等学校に関する記述として、

204 特別支援教育の分野は、１９６０年代以降、大きく発展してきた。特にデンマークが１９９４年にサラマンカ宣言に加盟して以来、より多くの特別なニーズをもつ子どもたちに、通常教育と関連した教育を与えることが政治目標となってきた。サラマンカ宣言は、障害の有無にかかわらずすべての人に通常学級での教育を受ける機会を提供し、教育戦略、教育形態、ペース、内容、必要な資源の観点から個々のニーズを考慮する義務を強調している。この宣言は「インクルーシブ教育」という概念を導入した。

205 小・中学校での補習的指導の計画は、サラマンカ宣言に準拠したインクルージョンを基本としている。

とある。サラマンカ宣言は、スペインのサラマンカで開かれたユネスコ主催の国際会議での宣言であり、

「障害のある子どもも含めたすべての子どもを通常学校の中で教育する」としたインクルーシブ教育に関して各国への勧告がなされているものである。パラグラフ204および205から、デンマークはサラマンカ宣言におけるインクルーシブ教育を基本としていることがうかがえる。条約におけるインクルーシブ教育の解釈については関連する分離教育や統合教育も含めて説明する必要があるため、これも次節で説明する。

また障害のある児童生徒に対する教育としては、

206　通常教育の枠組みでは補えない特別な配慮や支援を必要とする児童生徒は、補習的な指導やその他の特別な教育的支援を受ける権利を有する。

207　補習的な指導は、通常教育との関連（例えば支援員を配置する）、特別支援学級（例えば広汎性発達障害の児童生徒）、そして特別支援学校（重度の困難がある児童生徒のための補習指導に高度に特化したスキルをもつ学校）において実施される。

208　補習的な指導やその他の特別な教育的支援は、特別な配慮や支援が必要で、通常教育の枠組みの中で分離された指導や学級編制を用いるだけではそのニーズを満たすことのできない児童生徒に対してのみ提供することができる。初等・中等教育の一般的な枠組みで児童生徒の困難を改善できる場合は、補習的な指導を実施することはできない。

という記述がある。デンマークでも学びの場を分けているわけだが、パラグラフ206から208の記述からわかることは、基本的には通常学級での指導・支援が中心であること（パラグラフ208）、通常学級の中での指導・支援あるいは学級編制によっても個別のニーズを満たせない場合に限って特別支援学級や特別支援学校での指導を認めていること（パラグラフ206および207）である。これらの点については、インクルーシブ教育との関連で考えなければならない。それでは、インクルーシブ教育の取り組みに関する記述もみてみよう。

214　デンマーク政府と基礎自治体は、デンマークの一般的な小学校と中学校はインクルージョンでなければならず、特別なニーズのある児童生徒と一緒に構成されなければならないという明確な目的を追求している。デンマークの分離教育は、インクルージョンの目的とは調和していない。（中略）

とあり、現状では通常学級、特別支援学級や特別支援学校といった分離教育であるものの、これはインクルージョンの観点で言えば適切ではないことを指摘している。条約におけるインクルーシブ教育の解釈（フル・インクルージョンあるいはパーシャル・インクルージョン）とも関連することであるため、これも後で説明する。

別の観点として、後期中等教育（青年期教育）に関する記述もある。

222　（中略）２０１５年からは、若者の少なくとも95%が青年期教育のプログラムを修了しなければならないとされており、これは95%目標と呼ばれている。

224　青年期教育のプログラムに関しては、身体的・精神的な機能が低下した児童生徒が教育を修了し、教育プログラムに定められた教育能力および可能な継続教育能力を習得できるように、特別な教育支援が提供されている。そのため、これらの児童生徒はこの教育を提供している機関で教育を受けることができる。

227　このうちパラグラフ222の記述は若者の青年期教育に関するものであり、その修了者を95％まで押し上げるという政府の目標であった（第２章を参照のこと）。実際には達成されなかったが、パラグラフ224からはこの目標に障害のある若者も含まれていること、これを達成するための支援の重要性が指摘されている。

青年期教育については、第２章で紹介されているガイダンスカウンセラーと関連した記述も見られる。

229　（前略）２００４年にガイダンス改革が実施された際、全国に46のセンターをもつＵＵが設立された。ＵＵは、初等教育から青少年教育プログラムや就労に移行する際の若者のカウンセリングを任務としている。この改革の主な理由は、特別なニーズのある若者のカウンセリングを強化することであった。

230　２００７年、デンマーク議会は、特別なニーズをもつ若者のための青年期教育に関する法律を可決した。この目的は、知的障害のある若者やその他の特別なニーズのある若者が、成人生活に自立して積極的に参加し、可能な範囲で進学や就職のための個人的・社会的・学術的能力を身につけることである。

国民学校を卒業した後、特別な教育的支援を受けても他の青年期教育のプログラムを修了することができない知的障害のある青少年やその他の特別なニーズのある青少年は、彼ら・彼女らの特定の状況

やニーズに対応した3年間の青年期教育のプログラムに対する法的権利を獲得している。（後略）

とあり、パラグラフ229から、この青年期教育に関する法律は第6章でも紹介されるSTU（Særligt Tilrettelagt Ungdomsuddannelse）であることが推測される。関連して、青年期教育のプログラムを実施するために、第2章でも紹介されているUU（Ungdommens Uddannelsesvejledning centre）を軸とした若者を対象としたガイダンスの強化を行ったこともわかる。しかし第2章でも触れられているように、この目標が達成されなかったことを背景として教育改革が行われ、このUUは廃止されることとなる。

この後、第1期報告書に対する事前質問リストの提示（2014年5月）、事前質問リストに対する政府回答（2014年7月）、市民団体からのパラレルレポート（DIHR　2014年9月）と続いていく。本章では簡単な紹介（しかも教育に関する第24条のみ）にはなるが、参考までに以下に示す。

第1期報告書に対する事前質問リスト[11]における教育については、「教師がインクルーシブ教育システムを導入するための研修（パラグラフ28）」「障害のある子どもの退学率の高さを低減するための取り組み（パラグラフ29）」「デンマークの手話についての情報および手話で教育を受けることを選択する機会があるかどうか（パラグラフ30）」「すべての自治体でインクルーシブ教育システムがどのように平等に保障されているかどうか（パラグラフ31）」についての質問事項があった。

これに対する政府回答[12]では、「教師は新任教師教育および継続的専門能力開発によってインクルーシブな教育環境を取り入れるための訓練を受けていること（事前質問リストのパラグラフ28への回答）」「公立学校の改革によりインクルーシブ教育の目標を達成するための新しい枠組みを提供すること（パラグラフ29への回答）」「多くの聴覚障害のある子どもたちは人工内耳の手術を受けているが、手話利用者の場合は手話によるサポートの必要性があること（パラグラフ30への回答）」「インクルージョンに向けた様々な取り組みや能力開発と知識の共有に取り組んでいること（パラグラフ31への回答）」などである。

さらに市民団体からのパラレルレポート[13]では、事前質問リスト（パラグラフ28から31）に関する記述として以下のように述べられている。「インクルーシブ教育が優先的事項であり、政府は公立学校の改革を始めたが、障害のある子どもが適切な支援と配慮をどのように、どの程度受けているかは不明であること」「２００９年の調査では、障害のある子どものうち64％が国民学校を修了する前に最終試験に合格しているが、障害のない子どもでは91％が合格していること、ただしこの調査に認知障害のある子どもは含まれておらず情報を欠いていること」「週に９時間以上の特別支援教育が必要な子どもは委員会に苦情を申し立てることができる一方で、９時間未満の子どもでは適用されないこと」「デンマーク国立社会センターの調査（２０１３年）によると、中等・高等教育の学位の取得率について、障害のない人では25％であるのに対して身体障害のある人では14％であること」などが指摘された。

次に、障害者権利委員会による初回審査[14]について紹介する。ここでも、一般的見解（第１条から第４条）および教育（第24条）について取り上げる。

一般的見解について抜粋すると、

8　委員会は、2013年の国家障害者行動計画が、条約のもとでの権利と実質的な領域のすべてを広くカバーしておらず、比較的一般的なものにとどまっていることを懸念している。

9　委員会は、締約国に対し、条約に基づくすべての権利と実質的な分野を確実にカバーするために、国家障害者行動計画を見直し、この点において政府の障害者政策の実施の進捗状況を評価するための具体的な目標、測定可能な目標、適切な予算、指標を設定するよう勧告する。

12　委員会は、条約がデンマーク、フェロー諸島およびグリーンランドの法律に明示的に組み込まれていないことを懸念している。（後略）

とある。パラグラフ8と9では、前述の国家障害者行動計画についての懸念および具体的な指標の設定の必要性が指摘されている。また、パラグラフ12では、条約の内容がデンマークの法律に明示的に記載されていないことについても懸念が示されている。

教育（第24条）では、

52　委員会は、障害のある児童生徒の一般教育制度への参加を促進するための政府の改革に留意しつつも、障害のある児童生徒がその教育を促進するための適切な支援や便宜をどの程度受けることができるかについて明確になっていないこと、また初等・中等・高等教育における障害のある児童生徒と障害のない児童生徒との間の達成率の格差について懸念している。

53　委員会は、締約国に対し、障害のある児童生徒のための質の高い教育を確保するために、特にデンマーク王国のすべての地域の学校制度における教員およびその他の職員への適切な研修の提供を通じて、適切な支援と便宜を図りながら、すべての障害のある児童生徒が主流の教育制度に含まれることを確保するために、その法律を改正するよう勧告する。締約国は、すべての教育レベルにおいて、障害のある児童生徒と障害のない児童生徒との間の達成率の格差に対処するための措置を講じるべきである。

54　委員会は、週9時間以上の特別支援教育を必要とする児童生徒は特別教育委員会に苦情を提出できるのに対し、週9時間未満の特別支援教育を必要とする児童生徒は適切な教育支援の欠如に関して独立機関に苦情を提出できないという報告に懸念をもっている。

55　委員会は、締約国に対し、すべての障害のある児童生徒が十分な教育的支援を受けられない場合、独立した機関に苦情を提出できるよう、法律を改正することを勧告する。

とある。パラグラフ52と53は、特にインクルーシブ教育に関連した懸念である。パラグラフ52の「政府の改革」とは政府が回答した公立学校の改革（事前質問リストのパラグラフ29への回答）のことであると読み取れる。またパラグラフ53では、教員への研修の必要性も指摘されており、これは事前質問リストのパラグラフ29およびその政府回答における教師教育に関するものと言える。パラグラフ54と55は苦情申し立てに関する記述であるが、これらは市民団体からのパラレルレポートにおける指摘（委員会への苦情申し立て）が反映されたものと解釈できる。

日本の場合

日本に目を向けてみると、２０１４年1月に条約を批准して以降、２０２２年9月には障害者権利委員会からの対日審査（初回審査）の勧告がなされた。

２０１６年6月　第1期報告書
２０１９年10月　第1期報告書に対する事前質問リスト
２０２２年5月　事前質問リストに対する政府回答
２０２２年9月　障害者権利委員会による初回審査と勧告

これらは一部を抜粋しているに過ぎず、初回審査までの市民団体、障害者権利委員会、政府を含めた詳細な動きについては、すでに紹介した長瀬・川島・石川[5]に詳述されてあるので参照してほしい。

本章では障害者権利委員会による初回審査[15]に着目して概観する。その中でも一般的見解（第1条から第4条）および教育（第24条）を取り上げる。まず、一般的見解（第1条から第4条）では、

7　委員会は、以下を懸念する。

(a)　障害者に関連する国内法や政策が、条約に含まれている障害の人権モデルと調和しておらず、障害者に対するパターナリズム的なアプローチを永続させている。

(b)　より多くの支援を必要とする者および知的障害者、精神障害者、感覚障害者の障害手当および社

会的包容形態からの排除を助長する法規制および慣行に亘る障害の医学モデル（機能障害および能力評価に基づく障害認定および手帳制度を含む）の永続。

8　委員会は、締約国に対して以下を勧告する。

(b)　障害認定・手帳制度を含む障害の医学モデルの要素を排除するために法律や規制を見直し、障害の有無にかかわらず、すべての障害者が社会において平等な機会と完全な社会参加および包摂を得るために、地域社会において必要な支援を受けられるようにすること。

9　委員会は、さらに以下を懸念する。

(a)　全国障害者協議会、地方自治体および地方自治体間の委員会により実施された施設およびサービス等の利用の容易さ（アクセシビリティ）に関する協議を含め、法律や公共政策に関する協議における障害者を代表する団体を通じた障害者の参加が不十分であること。

(b)　主に社会における優生思想および非障害者優先主義により２０１６年に相模原市津久井やまゆり園で発生した殺傷事件に対して、包括的な対応がなされていないこと。

このように一部抜粋ではあるが、障害モデルに関すること、障害当事者の参加が不十分であること、優生思想に関することなどが懸念や勧告として示されている。

次に、教育（第24条）についてみてみると、

51　委員会は、以下を懸念する。

(a)　医療に基づく評価を通じて、障害のある児童への分離された特別支援教育が永続していること。障害のある児童、特に知的障害、精神障害、又はより多くの支援を必要とする児童について、通常環境での教育を利用しにくくしていること。また、通常の学校に特別支援学級があること。

(b)　障害のある児童を受け入れるには準備不足であるとの認識や実際に準備不足であることを理由に、障害のある児童が通常の学校への入学を拒否されること。また、特別支援学級の児童が授業時間の半分以上を通常の学級で過ごしてはならないとした、2022年に発出された政府の通知。

(c)　障害のある生徒に対する合理的配慮の提供が不十分であること。

(d)　通常教育の教員の障害者を包容する教育（インクルーシブ教育）に関する技術の欠如および否定的な態度。

(e)　聾《ろう》児童に対する手話教育、盲聾《もうろう》児童に対する障害者を包容する教育（インクルーシブ教育）を含め、通常の学校における、代替的および補助的な意思疎通の様式および手段の欠如。

(f)　大学入学試験および学習過程を含めた、高等教育における障害のある学生の障壁を扱った、国の包括的政策の欠如。

52　障害者を包容する教育（インクルーシブ教育）に対する権利に関する一般的意見第4号（2016年）および持続可能な開発目標のターゲット4・5および4(a)を想起して、委員会は以下を締約国に要請する。

(a)　国の教育政策、法律および行政上の取り決めの中で、分離した特別支援教育を終わらせることを目的として、障害のある児童が障害者を包容する教育（インクルーシブ教育）を受ける権利があることを認識すること。また、特定の目標、期間および十分な予算を伴い、すべての障害のある生徒にあらゆる教育段階において必要とされる合理的配慮および個別の支援が提供されることを確保するために、障害者を包容する質の高い教育（インクルーシブ教育）に関する国家障害者行動計画を採択すること。

(b) すべての障害のある児童に対して通常の学校を利用する機会を確保すること。また、通常の学校が障害のある生徒に対しての通学拒否が認められないことを確保するための「非拒否」条項および政策を策定すること、および特別支援学級に関する政府の通知を撤回すること。

(c) すべての障害のある児童に対して、個別の教育要件を満たし、障害者を包容する教育（インクルーシブ教育）を確保するために合理的配慮を保障すること。

(d) 通常教育の教員および教員以外の教職員に、障害者を包容する教育（インクルーシブ教育）に関する研修を確保し、障害の人権モデルに関する意識を向上させること。

(e) 点字、「イージーリード」、聾《ろう》児童のための手話教育等、通常の教育環境における補助的および代替的な意思疎通様式および手段の利用を保障し、障害者を包容する教育（インクルーシブ教育）環境における聾《ろう》文化を推進し、盲聾《もうろう》児童が、かかる教育を利用する機会を確保すること。

(f) 大学入学試験および学習過程を含め、高等教育における障害のある学生の障壁を扱った国の包括的政策を策定すること。

などがある。インクルーシブ教育に関する懸念は多く、分離教育を継続していること、合理的配慮の不提供

（提供の不十分さ）、通常学校の教師についてインクルーシブ教育に対する否定的な態度、通常学級における代替補助手段の欠如、高等教育における障害のある学生への対応の不十分さなどが挙げられる。特に、日本のインクルーシブ教育として文部科学省が掲げる「多様な学びの場の充実[16]」、つまり通常学級、特別支援学級、特別支援学校などを維持しつつ連続性のある多様な学びの場として整備するというのは、条約が想定するインクルーシブ教育とは矛盾するものと言える。[17] またパラグラフ51(b)にある「2022年に発出された政府の通知」とは、特別支援学級に在籍する児童生徒が通常学級あるいは特別支援学級で受ける授業時数についての通知である。文部科学省としてはインクルーシブ教育を進めるための方策として通知したと推測できるが、障害者権利委員会では懸念の対象となってしまっている。[18]

デンマークと日本の違いは何なのか？

ここまで、デンマークの第1期報告書から初回審査までの内容、加えて日本の初回審査での指摘事項についてみてきた。インクルーシブ教育の展開について両国を比較してみると、デンマークではサラマンカ宣言に基づいたインクルーシブ教育を進めていることがわかる。インクルーシブ教育を達成するために通常学級での学びを基本とし、特別な支援が必要な子どもに限って特別支援学級や特別支援学校で学べるシステムとなっている。また、青少年教育プログラムでは障害のある青少年も一緒に学ぶシステムを構築している。一方で、日本ではインクルーシブ教育が進んでいないこと、特に分離教育の継続、合理的配慮の不提供、教師のインクルージョンに対する理解不足、文部科学省が展開しているインクルーシブ教育システム（連続性のある多様な学びの場）と条約が想定するインクルーシブ教育との矛盾などが課題として指摘されている。

デンマークではインクルーシブ教育に関する指摘がなされていないが、一方の日本では明確に指摘されている。それではデンマークと日本の違いは何なのか？　まずはインクルーシブ教育を進めるためのシステムの違いが想定できる。例えば、日本もデンマークのように通常学級での学びを基本とするようなシステムに変えればよいのかもしれないが、すぐにはできないだろう。システムを変えるためには、それに関与する人たち（教師、子ども、保護者など）あるいは社会の私たちの意識や考え方も考慮する必要がある。私たちが障害あるいは障害のある子どもに対して差別的であれば、どんなにシステムが強靭であってもインクルージョンを達成することはできない。そこで本章が注目したいのは、人々がもつ障害に対する理念、特に障害モデルである。この障害モデルがインクルーシブ教育の展開に影響を及ぼしている要因のひとつと推測すれば、デンマークと日本がそれぞれもつ障害モデルの違いを調査・比較してみることには価値があると思われる。これまでみてきたように、デンマークでは障害福祉の４つの原則、社会モデルの採用、さらに当事者団体の意見を尊重すること、などが特徴として挙げられる。一方の日本では、障害モデルに関する問題——医学モデルの継続や人権モデルとの調和の欠如——が明確に指摘されている。

次節では、筆者らがデンマークでインタビュー調査を行った内容をもとに、デンマークのインクルーシブ教育および障害モデルについて考察した上で、日本と比較したい。

第2節　デンマークのインクルーシブ教育と障害に対する理念

筆者らは、２０２３年にデンマークでの調査を行った。(19)本章では、特にデンマーク教育大学（Danish School of Education）、「平等」という意味の当事者および保護者の団体であるリーベアド（Ligeværd）、「障害についての知識を広めるセンター」の意味であるビーデンス・センター（Videns center for handicap）でのインタビューの内容を取り上げる。まずは、インタビュー時に得た情報と資料を用いてそれぞれの機関を紹介する。

デンマーク教育大学について簡単に紹介すると、オーフス大学（およそ3万8千人の学生が在籍している）に組織される５つの学部の中のひとつである。教養学部（Faculty of Arts）の中にデンマーク教育大学がある。ふたつのキャンパスがあり、およそ2千6百名の学生と１２０名の研究者が在籍している。博士課程の院生もおよそ75名在籍している。教育方法と教育学の基礎研究と実践研究に関してデンマーク最大の大学環境を構成している。研究としては、教育方法、心理学、社会学、哲学、人類学であり、これらは研究に基づいた教育の視点でもある。

リーベアドは、三つの協会（保護者、学校、若者）で構成されるコミュニティで、障害者のためのよりよい教育、雇用、住居、社会的条件をつくるためにそれぞれが独自の方法で活動している。年会費を支払うことでメンバーになることができる。保護者と子どもが直接、政治のロビー活動に参加することができる点に特徴がある。リーベアドは評議会をもっており、その代表メンバーは民主的に選出され、政治家に対するロビー活動を通して自分たちの望みを伝えている。またホットラインも存在し、権利に関することなど様々な困りごとについてサポートを得ることができる仕組みがある。

ビーデンス・センターは、28年前につくられた非政府・非営利団体である。特定の診断や障害に焦点を当てることなく、精神的、身体的、感覚的、認知的障害などを幅広く理解しようとしている点に特徴がある。特に、すべての人々が活動的な生活を送り、社会への完全な関与を経験できるようにしている。また知識を集め、新しい実践を開発し、適応した身体活動、教育、リハビリテーション、包括的な労働市場などについて様々な関係者（ここには専門家、障害者、学生、その他関心のあるすべての人が含まれる）に助言する立場にもある。助言の分野は、学校、雇用、教育、余暇活動の４つである。

それでは、これらの機関で行った調査内容をもとに、まずはデンマークのインクルーシブ教育の展開について、そして障害モデルについてみていこう。

デンマークのインクルーシブ教育の動向

デンマークのインクルーシブ教育について、特に国民学校や特別支援学校の調査をもとにして前著(7)でも述べたが、今回の調査でもデンマーク教育大学で教えてくれた。まずデンマークの教育において、インクルージョンはイデオロギー的基盤として共有されていることが大きいという。つまり、インクルーシブ教育を行うことが人々の共通の理解であると言える。６歳から15歳までの国民学校については、通常学級において若干のサポートで学んでいる子ども、特別支援学級で学んでいる子ども（例えば、身体障害や学習障害など）、特別支援学校で学んでいる子ども（例えば、自閉スペクトラム症（知的障害を伴わない子どもも含む）、重度の知的障害、重複障害など）に分かれている。これは分離教育と言えるが、既述のようにサポートが必要な場合のみ特別支援学級で学ぶ、さらには重度障害の場合のみ特別支援学校で学ぶと考えれば、基本的には国民学校（通常学級や特別支援学級）で学んでいると言えるだろう。国民学校に加えて特別支援学校も存在している。後でも述べるように、デンマークの特徴として当事者や保護者の意見が尊重されることを考慮すると、当事者や保護者が特別支援学校での学びを望むのなら、それが分離教育と言われてもそれでよい、という考え方もあるのだろうか。デンマークで私立の特別支援学校が多く存在している背景[20]には、この当事者や保護者の意見の尊重も影響しているのかもしれない。

インクルーシブ教育を考える際には、「フル・インクルージョン（full inclusion）」と「パーシャル・インクルージョン（partial inclusion）」について知っておく必要がある。前者はフル（full）なので、障害の有無にかかわらずすべての子どもたちが同じ場で学ぶことである。障害の「有無」とは捉えずにそもそも子どもには差異があると考える点から、子どもの二元論的な捉え方とも言える。後者はパーシャル（partial）なので、可能な限り同じ場で学ぶことを意味する。障害の「有無」で考えるので、こちらは子どもの二元論的な捉え方である。条約の第24条（教育）では「full inclusion」と明記されていることから、条約の立場としてはフル・インクルージョンを指していることが読み取れる。デンマークは、これまでみてきたように実際に分離して教育を行っているし、このことは第１期報告書にも示されている（パラグラフ214）。ただし第１期報告書にもある通り、デンマークの分離教育はインクルージョンと調和していないという自覚があり、インクルーシブ教育の原点とも言えるサラマンカ宣言を基本とした政策を進めようとしている。また、実際に通常学級での学びを基本としているし、必要な場合のみ特別支援学校や特別支援学級で学ぶようにしていることもわかる。これらの点から、現状はパーシャル・インクルージョンと言えるかもしれないが、将来的には条約が掲げるようにフル・インクルージョンを目指そうとしていることがうかがえる。一方の日本では、通常学級、通級指導教室、特別支援学級、特別支援学校などで分離して教育を行いつつもそれらの交流（交流及び共同学習）を基本としてインクルーシブ教育を展開しようとしていることから、パーシャル・インクルージョンである。この点が、デンマークと日本のインクルーシブ教育の違いと言える。

デンマークの障害に対する理念――障害モデルと障害理解

ここからはデンマークの障害に対する理念、特に障害モデルの観点からみていく。前節において、デンマークでは障害を捉える際に社会モデルを基本としていることを指摘した。社会モデルについては、次で詳述する障害福祉政策の４つの原則でも指摘されていることである。障害モデルについて、ビーデンス・センターでのインタビューでは、スウェーデンの研究者ラース・グレンヴィック（Lars Grönvik）の文献[21]が紹介された。ラース・グレンヴィックは障害モデルを以下のように整理している。

機能的定義（functional definition）

機能的な限界に注目する。それぞれの障害特性を知る。

相互作用的（環境的）定義（relative or environmental definition）

障害のある個人と環境との相互作用。

社会モデル（social model of disability）

社会的障壁が社会参加を妨げる。社会的障壁が障害を生むあるいは助長している。

行政上の定義（administratively defined）

障害者に与えられた補助具（例えば車いす）を使っていることで障害者と定義される。公的機関における合理的配慮など。

主観的定義（subjective definition）

個人の障害体験を反映する。当事者の体験。

このうち機能的定義は医学モデルとして考えられるため、ここで**図5-1**でも示した「医学モデル」「社会モデル」、それらをあわせて考える「相互作用（統合）モデル」の三つの記載が読み取れる。これらに加えてラース・グレンヴィックの定義では、公的機関で社会サービスとして使われる「行政上の定義」、障害の体験はその当事者でないと体験できないとする「主観的定義」も提案している。

ビーデンス・センターでのインタビューでは、デンマークの人たちが必ずしも社会モデルや統合モデルを理解しているわけではないことが指摘された。デンマークの社会では確かに障害理解の理論は浸透しているが、実際は人々によって様々な障害理解の仕方があるという。例えば、障害者に普段から関わらない人々は医学モデルを用いて障害理解を行う傾向にあるため、そのような人々には社会モデルや相互作用モデルを啓蒙する必要があるという。さらに、社会には医学モデルが「潜んでいる」という表現を用いて説明してくれた。例えば障害のある子どもについて、「もともと問題があるから、結果的にこうなっている＝問題がなければ不適応は生じていない」と考える人たちが多いという。また子どもたちの環境においても、ある子どもが医療的ケアを受けているとして、それをみている周囲の子どもたちは「医学モデル的な考え方＝つまり医療的な介入があるおかげでこの子は生活している」という見方をもちやすいことも教えてくれた。これらは、明らかに医学モデルを基礎とした障害の捉え方である。しかし、ここには障害当事者が抱えるジレンマがあることも追記しておかなければならない。障害当事者の中には、自分が機能不全であることを示さなければ支援を得ることが難しくなる人たちもいるとのことであった。実際にはデンマークでも医学モデル的な考え方が強く残っていること、それを前提とした障害の捉え方がなされているために、結果的にこのようなジレンマが生じるものと思われる。インタビューでは一貫して「『何ができないのか』ではなくて、その人がその人生を通じて『何をしたいのか』に焦点があてられるべきである」と指摘していた。

また、社会における障害理解を進めるために必要なことについても聞いてみた。すると、「まずは、それぞれの障害特性を知ること」、そして「社会環境に存在する問題点（＝社会的障壁）を知ること」だという。障害特性を十分に理解した上で、何が社会的障壁になっているのかに注目したアプローチが必要だと言える。ここからも社会モデルや相互作用モデルの重要性がうかがえる。

インタビューの最後には、「新しい文化をつくっていく中で、例えば『足が速い』といった能力だけが評価されるのではなくて、創造性やユーモア、勇気や諦めない強さにも焦点があたることが大切」と言っていた。多様性があるからこそお互いが補い合って社会が構成されている、という当たり前であるけれども私たちが実践できていないことを理念と実践で示そうとしているのがデンマークの社会なのかもしれない。

デンマークの障害に対する理念——障害福祉政策の「４つの原則」

社会モデルの考え方が含まれている障害福祉政策の４つの原則も重要である。条約および第１期報告書（パラグラフ38から40）で示された国家障害者行動計画からもわかるように、４つの原則はデンマークの障害に対する理念の根底と考えられる。この４つとは、平等な扱いの原則、補償の原則、部門の分担責任、連帯の原則である。ビーデンス・センターで実施したインタビューでは、これらの説明が「The Danish Disability Council, 2006」[22]にあることもふまえて、以下のように教えてくれた。

平等な扱いの原則

誰もが自分の夢や可能性を実現する機会を平等に得られるようにすること。これは必ずしもすべての人を同じように扱うことを意味しない。

補償の原則

障害者が平等に社会参加することを妨げる障壁を克服するために提供される。例えば車いすなどの補助、社会教育的支援など。障害者が障害のない者の社会に入るためには、その不足分の補償が必要である。

部門の分担責任

障害分野における責任の配分に関するもの。すべての公的機関は、そのサービスが利用しやすいものであることを保障し、障害者政策の側面をそれぞれの分野に取り入れる必要がある。

連帯の原則

障害分野を含むほとんどの社会サービスが税金で賄われ、一般的に無料で提供されることを意味する。個人がお金を払わなければならないのではなく、税金によって払われることが大事である。

平等な扱いの原則では、「すべての人を同じように扱うことが平等ではない」ことを明示している点が重要であろう。個人は異なった能力をもって生まれてくることが当然であり、それを前提とすれば、自分の可能性を実現するためにはすべてに同様の支援があればよいわけではない。異なる能力があるからこそ、それぞれに適した支援がなされる必要があると言える。それが障害であればなおのこと、個人にとって必要な支援内容や程度が変わることは当然である。「多様なニーズをふまえた支援」と考えれば当たり前のように感じる主張ではあるが、デンマークではこれを実現できていることが重要である。

補償の原則では、「障壁」の表記が見られる。またその後には、この障壁を克服するための補償として、車いすに加えて社会教育的支援といった表記が見られることから、物理的な支援だけでなく個人の能力を高める教育的な支援も含まれていると解釈できる。障害者が障害のない者の社会に入るための補償というのは、合理的配慮の提供に通じるものがあるだろう。

部門の分担責任では、公的機関のサービスについて「障害者政策の側面をそれぞれの分野に取り入れる必要がある」としている。これは、例えば障害者を対象に社会サービスを提供する場合、障害を専門とした特別な部門で対応するのではなく、通常その業務を行っている部門で対応しなければならないといったものである。「障害に関する社会サービスは専門の『別』部門で」となりそうなものである。確かに、障害があるからといって社会サービスを提供する部門を分ける必要は本来的にはない。ひとつの部門が障害者も含めて同様に社会サービスを提供するといった発想は、インクルージョンを進める上で重要である。

連帯の原則は、特に障害者についてはさらに必要とする支援がある場合においてそれが無料で提供されなければならないというものである。これまで説明してきた平等な扱いの原則や補償の原則とも関連する内容と言える。

デンマークの障害に対する理念——障害当事者の尊重

さらに、デンマークのインクルーシブ教育を考えるにあたって障害当事者およびその保護者の視点で情報を得たかったため、リーベアドを対象として知的障害のある青年（カーステン・ワインホルトさん）、前会長（モーエンスさん）にインタビュー調査を行った。カーステンさんは、インタビュー当時30歳前後であった。料理は自分でするし、仕事後はテレビでフットボール観戦をしたり、毎週金曜はロックコンサートに行ったりするという。また、週末には飲みに行ったり、ダンスをしたりして楽しんでいるとも教えてくれた。孤独とは感じないと言い、充実した生活を送っているようである。カーステンさんは投票でリーベアドの評議会に選出され、さらに議長も務めている。すでに紹介したようにリーベアドでは直接、政治のロビー活動に参加することができるため（デンマークは伝統的に市民と政治家との距離が近いことも影響している）、カーステンさんもその活動に参加しているのだという。モーエンスさんによると、リーベアドの活動によってできた法律としては、例えば特別なニーズのある青年の教育制度（先にも紹介したＳＴＵ）がある。また、10年間の活動の結果として、保護者や障害当事者が行きたい学校を選択できる権利（住んでいる市以外の学校も選択できる権利）を獲得したという。義務教育を修了した障害のある若者の就業率について、市の公的なサービスのみでは８％程度である一方、リーベアドを利用する若者の就業率は１００％になるということも教えてくれた。

モーエンスさんによると、リーベアドが重視していることとしては、家庭支援だという。障害のある子どもに対してどのように向き合うとよいのか混乱している家庭もあり、そこに出向いて声をかけ、小グループをつくって支えているとのことであった。例えば、自閉スペクトラム症の事例では、困りごとや自らの窮状を主張しないことがあり、結果的に社会システムから忘れられてしまう場合が多いという。リーベアドの活動は、そのような人々に長期間にわたってサポートを提供することだという。また、親亡き後の障害者の事例でも、声を上げることが難しい人々は行政から忘れられることが多いため、その人たちを見つけ、その人たちと行政との間に入ることでソーシャルワーカーにつなぐ役割も果たしているという。さらに、障害特性に対応した保護者のペアレントトレーニングが用意されており、保護者が障害について学ぶ機会の提供も行っている。各メンバーが孤立しない工夫も考えられており、すべての若者クラブ（デンマークに20の若者クラブがある）が集まって年1回の大きなパーティーを行うことで若者同士の関係づくりをサポートしたり、ＳＮＳを通じてつながることで誰もがこの組織のメンバーの一員であると思えるような取り組みをしたりしている。カーステンさんが参加しているクラブのメンバーには、ただじっとしている人もいるし、携帯を見て過ごす人もいるという。それでも、クラブから帰る際に「楽しかった？」と聞くと「楽しかった！」という反応なのだという。つまり、それぞれにとって幸せな過ごし方があること、何よりネットワークの一員であるという自覚が一番大事だと教えてくれた。

第3節　まとめ——デンマークから学ぶ

本章では条約および障害者権利委員会の指摘事項、デンマークでのインタビュー調査を根拠として、デンマークのインクルーシブ教育について紹介した。デンマークも日本も分離教育を行っているように見えるが、デンマークではインクルーシブ教育が進んでいる一方で日本では進んでいない。その要因のひとつとして、本章では両国の障害に対する理念、特に障害モデルの違いに着目した。そこで、デンマークと日本の障害に対する理念を比較することで、日本の今後のインクルーシブ教育の展開について考察したい。

障害モデルの違いとしては、概して、デンマークでは社会モデルで障害を捉えている一方で（障害福祉の4つの原則も関連している）、日本では障害者権利委員会の指摘からもわかるように医学モデルで障害を捉えることが多いことである。条約が社会モデルの考え方を基礎として成立しているのだから、条約に関連している政策（インクルーシブ教育や合理的配慮など）は当然のことながら社会モデル（あるいは相互作用モデル）の考え方を基礎としているということになる。例えば星加[23]が合理的配慮を例に医学モデルと社会モデルの観点から論じているのを引用すると、合理的配慮を医学モデル的に解釈すれば「障害者には医学的な心身の異常がある　↓　生活上の困難を経験する　↓　それを放置することは我々の良心に反する　↓　社会的責務として配慮が提供されるべきである」となる。一方で、社会モデル的に解釈すれば「**心身の特性に関わる差異がある　↓　社会が非障害者の特性のみを基準に生成・発展してきたために障害者は生活上の困難を経験する　↓**その放置は社会的な不正義である　↓　社会的責務として配慮が提供されるべきである」となる。星加も指摘するように、「社会的責務として配慮が提供されるべきである」の結論に関しては医学モデルでも社会モデルでも変わらない。社会モデルとして重要な点は「**心身の特性に関わる差異がある　↓　社会が非障害者の特性のみを基準に生成・発展してきたために障害者は生活上の困難を経験する**」の部分である。ここでは、社会が非障害者の特性のみで生成・発展してきたこと、そこから生じる社会的障壁の存在が問題であり、これを除去することが必要である。したがって、医学モデルのように「異常」を出発点として障害を捉えることでは、本来の意味での合理的配慮の提供にはならない。

　インクルーシブ教育についても同様の論理で説明できるだろう。医学モデルを出発点とすれば、子どもに医学的な心身の異常があるから特別支援教育の対象になると言える（もちろん、障害の内容によっては医学モデルの考え方を否定するものではない）。通常学級の環境が正解であり、この環境に適応できなければ障害を疑われるし、適応できるように指導・支援がなされる。指導・支援によっても適応できなければ、その子ども（保護者）は自分（自分の子ども）が障害者であることをさらに自覚させられるかもしれない。一方で、社会モデルの観点から考えれば、医学的な心身の異常があるから特別支援教育の対象になるとは考えない。子どもたちのニーズはそれぞれ違うことが前提となる（先の星加の表現でいえば、「心身の特性に関わる差異がある」と言える）。様々なニーズに対応できる環境を構築し、学級の社会的障壁をなくすことが求められる。しかし、これまで通常学級では様々なニーズに対応できる環境を構築してこなかった（障害のない子どもの特性のみを基準に環境を構築してきた）現実がある。だから通常学級では学びにくい、生きにくい子どもが多く見られるのではないかと推測する。これは障害だけではなく、例えば不登校（２０２３年度の時点で30万人も不登校が存在している）でも同様であろう。通常学級における社会的障壁は何なのか、どのような支援や配慮があれば通常学級で学べるのか、あるいは現状の通常学級ではなく新たな学びの場をつくる必要はないのか、など社会モデルの考え方でないとインクルーシブ教育や合理的配慮を考えることは難しいということがわかる。デンマークでは「個を尊重する」ことが当たり前のように言われる。これを出発点とすれば、差異を単に医学的な異常と捉えることもないだろうし、その差異を強調することもなくなる。そうすると、インクルーシブ教育を考える際にも、出発点は子どもの異常ではなく心身の特性の差異となる。子どもに差異があるのは当然であるから、それをふまえた教育環境の構築が必要（障壁の除去が必要）という社会モデルを基礎とした論理になる。デンマークと日本のインクルーシブ教育の違いは、障害に対する理念の中でも障害モデル、特に子どもを捉える出発点、そして学級の環境を変えようとする意識の違いと言えるのかもしれない。

デンマークでは、障害当事者の意見を尊重していることも特徴である。もちろん、日本でも条約の批准に際して、あるいはその後の障害者委員会とのやり取りにおいても障害当事者の声を聴いてきたことは理解する。しかし、障害当事者をどの程度、どのように尊重しているのかについては、先に示したカーステンさんやモーエンスさんの事例を見ればデンマークと日本の違いは明らかであろう。これは障害モデルの観点からも考察が可能である。仮に医学モデルとしての当事者理解であれば、それは「客観的な（診断の意味での）障害の捉え方」と言える。一方で、本当に必要な当事者理解は「主観的な（障害当事者の視点での）障害の捉え方」である。特に、知的障害や発達障害などの感覚・知覚・認知特性を考慮すべき障害では社会的障壁が見えにくく、結果的に合理的配慮の提供が不十分になりやすいこともある。障害当事者がどのように感じているのか、どのように見えているのか、どのように聴こえているのか、については障害のない者には理解しにくい（さらに言えば、障害がなくとも見え方や聴こえ方は人それぞれ違うはずである）。だからこそ障害当事者の状態を推測しなければならないし、障害当事者の声を聴かなければならないのである。これに関しても「異常」を出発点として障害を捉えてしまえば、「理解できない人、見え方や聴こえ方が自分とは違う人＝支援や配慮が必要」という理解になる。一方で、感覚・知覚・認知の様式や感じ方の程度は人それぞれ違うのが当たり前であることを出発点とすれば、それぞれが対応しやすい環境を構築する必要性に気づくはずである。このことは、知的障害や発達障害のある子どもたちが通常学級から排除されないで生活するためにも、教師を含めて周囲が理解しなければならないことである。

本章で論じてきたことをふまえてデンマークから学べることとは、特別なニーズと言わなくとも誰にでもニーズはあり、そのニーズは多様なのが当たり前ということであろう。このニーズの多様性を前提として他者を捉える視点をもつこと、多くの人間が生きやすいと思い込んでいる環境を疑って改めて学校や社会の環境を考えようとすることが重要である。障害を主観的に理解することは当事者でないとできないが、障害を理解「しようとする」ことは誰にでもできるはずである。

第５章　注

（１）本章では法律文書の表記に基づいて「障害」と記載している。読者の方で「障がい」「障碍」など読み替えてほしい。

（２）内閣府における障害者権利条約の説明は以下のＵＲＬを参照。
https://www8.cao.go.jp/shougai/un/kenri_jouyaku.html

（３）ＤＰＩ日本会議における障害者権利条約の説明は以下のＵＲＬを参照。
https://www.dpi-japan.org/activity/crpd/

（４）外務省における障害者権利条約の説明は以下のＵＲＬを参照。
https://www.mofa.go.jp/mofaj/gaiko/jinken/index_shogaisha.html

（５）石川修・川島聡・石川准（編）『障害者権利条約の初回対日審査――総括所見の分析』法律文化社、２０２４年。

（６）デンマークの教育法にあたる「国民学校法（Folkeskoleloven）」では、specialskole と表記があるため、直訳すれば「特別教育」とすべきかもしれないが、本章では日本の表記にあわせて「特別支援教育」「特別支援学校」「特別支援学級」と表記する。

（７）髙橋純一「デンマークにおける特別支援教育の実際」谷雅泰・青木真理（編著）『転換期と向き合うデンマークの教育』ひとなる書房、２０１７年、１０１‐１３０ページ。

（８）本章では主に医学モデルと社会モデルとの対比の観点から論を展開するが、条約の解釈では社会モデルと人権モデルとの関連についても重要である。人権モデルの説明や社会モデルと人権モデルとの関連については川島の説明が参考になる。特に、障害者権利条約の人権モデルを他の条約の人権モデルと比べて「独自の人権モデル」として論を展開している点はわかりやすい。川島聡「人権モデルと社会モデル――日本の条約義務履行への視座」石川修・川島聡・石川准（編）『障害者権利条約の初回対日審査――総括所見の分析』法律文化社、２０２４年。

（９）デンマークの第１期報告書については以下のＵＲＬを参照。

https://tbinternet.ohchr.org/_layouts/15/TreatyBodyExternal/Download.aspx?symbolno=CRPD%2FC%2FDNK%2F1&Lang=en

国連の資料（CRPD/C/DNK/1）を筆者が日本語訳して用いた。報告書ではフェロー諸島やグリーンランドに関する記述も多数あるが、今回はデンマーク本土に関する内容を扱う。

(10) 国家障害者行動計画（２０１３）については以下のＵＲＬのファイルを参照。

https://sm.dk/media/8317/disability-policy-action-plan-2013-one-society-for-all.pdf

「Disability policy action plan 2013（One society for all）」

(11) デンマークの第１期報告書に対する事前質問リストについては以下のＵＲＬを参照。

https://tbinternet.ohchr.org/_layouts/15/TreatyBodyExternal/Download.aspx?symbolno=CRPD%2FC%2FDNK%2FQ%2F1&Lang=en

国連の資料（CRPD/C/DNK/Q/1）を筆者が日本語訳して用いた。

(12) デンマークの事前質問リストに対する政府回答については以下のＵＲＬを参照。

https://tbinternet.ohchr.org/_layouts/15/TreatyBodyExternal/Download.aspx?symbolno=CRPD%2FC%2FDNK%2FQ%2F1%2FAdd.1&Lang=en

国連の資料（CRPD/C/DNK/Q/1/Add.1）を筆者が日本語訳して用いた。また、日本障害者協議会のウェブサイトにも日本語仮訳が以下のＵＲＬに掲載されてあり参考になった。

https://www.jdnet.gr.jp/report/17_02/file/dm4.docx

(13) デンマークの市民団体からのパラレルレポートについては以下のＵＲＬを参照。

https://tbinternet.ohchr.org/_layouts/15/treatybodyexternal/Download.aspx?symbolno=INT%2FCRPD%2FCSS%2FDNK%2F18140&Lang=en

国連の資料（INT_CRPD_CSS_DNK_18140_E.doc）を筆者が日本語訳して用いた。また、日本障害者協議会のウェブサイトにも日本語仮訳が以下のＵＲＬに掲載されてあり参考になった。

https://www.jdnet.gr.jp/report/17_02/file/dm1.doc

(14) デンマークの初回審査については以下のＵＲＬを参照。

https://tbinternet.ohchr.org/_layouts/15/TreatyBodyExternal/Download.aspx?symbolno=CRPD%2FC%2FDNK%2FCO%2F1&Lang=en

国連の資料（CRPD/C/DNK/CO/1）を筆者が日本語訳して用いた。

（15）日本の初回審査については以下のＵＲＬを参照。

https://tbinternet.ohchr.org/_layouts/15/treatybodyexternal/Download.aspx?symbolno=CRPD%2FC%2FJPN%2FCO%2F1&Lang=en

国連の資料（CRPD/C/JPN/CO/1）を筆者が日本語訳すると同時に、政府の日本語仮訳も参照した。

https://www.mofa.go.jp/mofaj/files/100448721.pdf

すでに紹介した石川・他（２０２４）の巻末にも政府の日本語仮訳が載せてある。

（16）例えば中央教育審議会の資料（令和３年）にある。

https://www.mext.go.jp/content/20210126-mxt_syoto02-000012321_2-4.pdf

（17）今川奈緒「教育」石川修・川島聡・石川准（編）『障害者権利条約の初回対日審査——総括所見の分析』法律文化社、２０２４年。

（18）２０２２年４月に通知された「特別支援学級及び通級による指導の適切な運用について（通知）」のことである。文部科学省の調査（２０２１年）によると、特別支援学級に在籍する児童生徒の教育課程について、総授業時数の半分以上を通常の学級で過ごしている児童生徒の割合が小学校では54％、中学校では49％だったという。文部科学省の見解としては、特別支援学級の児童生徒が大半の時間を通常学級で過ごしているのであれば通常学級に学籍を移すべきであるし、特別支援学級に在籍しているのであれば障害の状態や特性および心身の発達の段階等に応じた授業を受けるべきであるとしている。

特別支援学級の児童生徒が通常学級で学ぶことは「交流及び共同学習」として実施されている。「交流及び共同学習」の重要性は、例えば障害者基本法の第16条（教育）にも確認することができる。インクルーシブ教育を進めるにあたって「交流及び共同学習」が要となるのであれば、特別支援学級に在籍している児童生徒がニーズに応じて通常学級で学べることが必要であろう。確かに文部科学省が指摘するように、そのような児童生徒は通常学級に学籍を移した方がよいのかもしれないが、例えば授業は通常学級で受けたいが、生活の場として考えれば感覚の過敏さなどがあって環境が整えられた特別支援学級で過ごしたいという児童生徒も実際にいる。そのような場合には、現状の分離教育の範疇においては交流及び共同学習の効果的な利用が望まれる。

そもそもインクルーシブ教育の議論をふまえれば、通常学級の環境を変える必要がある。様々な子どもが適応できるように通常学級の環境を変えた上で、この通知の意図することが理解されるのではないだろうか。

(19) 調査は２０２３年9月18日から21日に実施された。著者も同行する予定であったが新型コロナウイルスに感染してしまい、リーベアドとビーデンス・センターでのインタビュー調査について日本から zoom で参加した。

デンマーク教育大学でのインタビュー調査（9月19日）では、次で紹介するリーベアドの会長を務めているルイーズ・ヴァインライヒ・ヤコブセンさん、神経心理学の准教授のルイーゼ・ボトカーさんが対応してくれた。ルイーズ・ヴァインライヒ・ヤコブセンさんはデンマーク教育大学の教育コンサルタントも務めている。

リーベアドでのインタビュー調査（9月18日）については、前会長のモーエンス・マティーセンさんと評議会の議長を務めているカーステン・ワインホルトさんが対応してくれた。

ビーデンス・センターでのインタビュー調査（9月19日）については、センター長のドアテ・ノアゴーさんと相談員のシェニーナ・ゴー・ラスムッセンさんが対応してくれた。

(20) 例えば、以下の文献がある。是枝喜代治・菅原麻衣子・角藤智津子・鈴木佐喜子・長谷川万由美「デンマークにおけるインクルーシブ教育の実際――フュン県及びオーフス県近郊の現地調査から」『ライフデザイン学研究』13、２０１７年、２９７–３２２ページ。

(21) Grönvik, L. (2007). Definitions of Disability in Social Sciences: Methodological Perspectives. Digital Comprehensive Summaries of Uppsala Dissertations from the Faculty of Social Sciences, 29, Uppsala: Acta Universitatis Upsaliensis.

(22) 障害政策の４つの原則については以下のＵＲＬを参照。

https://www.yumpu.com/en/document/view/43543470/the-principles-of-danish-disability-policy

(23) 星加良司「合理的配慮と医学モデルの影」『障害学研究』２０１８年、１２５–１３８ページ。

第６章

発達障害のある人の就労支援

――デンマークのＳＴＵ、日本の就労移行支援事業

青木真理

デンマークにはＳＴＵという制度がある。前著で簡単に触れてはいるが、改めて取り上げたい。

ＳＴＵは、発達障害などの特別なニーズをもつ青年のための教育で、「特別に組織された青年期教育法」(Lov om særligt tilrettelagt ungdomsuddannelse) で定められている。本章はこの教育について説明し、それを実践している事業所を紹介する。その後、日本の現状について言及する。最近注目を浴びるようになったニューロダイバーシティという考え方、および、発達障害者の就労支援に取り組む事業所の聞き取り調査を

紹介する。

第1節　ＳＴＵ——特別に組織された青年期教育法

この法律は２００７年８月に施行され、その後何度も改正されてきた。現在（２０２４年４月）は２０２０年１月の改正が最新のものとなっている。本書第５章および第７章で述べられているように、この法律成立については、障害当事者と保護者の会であるリーベアドのロビー活動が大きな力となったという。

本節では法律の概略を示す。

その目的は「発達障害などの特別なニーズをもつ若者が、社会人としての生活にできる限り自立的かつ積極的に参加できるように、あるいは教育と職業に到達できるように、個人的、社会的、職業的なコンピテンスを獲得できるようにすることである」と規定される。その対象は、ＳＴＵ以外の青年期教育を修了する能力をもたない青年であるとし、市の委員会は発達障害などの特別なニーズをもつ青年にＳＴＵ教育についての情報を伝える責任を有する。

発達障害などの特別なニーズをもつ若者は青年期教育を受ける権利を法的に有し、市の委員会は、本法第

1条が規定する若者で当該市の住民である者に、3年間の青年期教育を供給しなければならない。ただしSTU教育を受けられるのは、25歳未満までであり、青年期教育が始まってから5年以内に終了しなければならない。

STUを受けられるかどうかの判断は、市の委員会が行う。委員会は、若者およびその親と協議の上、STU教育を提供するかどうかを決めるが[1]、必要に応じて教育的・心理学的助言（PPR）や、その若者が以前通っていた学校の意見を聞く。若者がSTUプログラムを受けることが決まれば委員会は3年間の個別教育計画を作成する。このようにSTUの提供の決定および計画は市の責任において行うのであり、国が関与するのは、STU申し込みの手続きについての規則を定めるということだけである。

STUは、個々の若者の能力、成熟、関心を考慮しながら可能な限り広範囲に組織されなければならないとされ、その構成は、明確化プロセスと授業、そしてインターンシップから成る。明確化プロセスは最大12週間で、この間に当該の若者の将来の教育および就労についての要望と可能性を明らかにする。このプロセスと関連して、市は、若者および親とともに、ガイダンス面接とインターンシップを含む個別教育計画を作成する。そして、この計画は少なくとも年1回は調整される。

STUの専門教育および日常生活教育は、①若者の個別的な発達、社会生活に自立的かつ積極的に参加できる可能性および、②若者の、社会的文脈の中に入っていく能力、自立的で積極的な余暇生活を送る能力を促進し、③教育もしくは就労で使うことのできるコンピテンスの発達をねらいとする。

インターンシップは、①労働市場で必要な資格をとることにつながる経験または個人のコンピテンスを発達させる経験、②労働市場に定着し、活発な大人としての生活に参加するために必要な仕事の経験と協力、

③　職場の構造と労働条件についての理解をもたらすものであり、個別教育計画の目標達成に貢献できるものでなければならない。

ＳＴＵを修了するとき、市はプログラム全体および部分目標に対する達成を評価するコンピテンスペーパーを発行する。

ＳＴＵの費用は利用者にとって無料で、交通費を含み、市が支払う。

ＳＴＵを提供しようとする事業者には社会実験活動や教育開発事業に補助金が国から交付されることがある。

第２節　ＳＴＵの事業所における聞き取り

筆者らは、ＳＴＵを提供する事業所（ＳＴＵプロバイダー）のいくつかを視察した。それらはいずれも、ＡＳＤ（自閉スペクトラム症）の若者を対象の中心としてＩＴ教育を行う事業所である。前著とも重複するが、これまで発表した論文[(2)]の内容を加えて概略を述べる。

①アスピット（AspIT）

アスピットは、２００５年にユトランド半島南部のヴァイレ（Vejle）市で生まれた、アスペルガー症候群に代表されるＡＳＤの若者にＩＴ教育を行うＳＴＵである。筆者らは、２０１３年9月にアスピット視察を行い、創始したオーレ・ベイ・イェンセン校長 Ole Bay Jensen から話を聞いた。

アスピット設立の経緯は以下の通りである。イェンセン氏がヴァイレ市の技術学校でビジネスとＩＴ教育を教えていたとき、アスペルガー症候群の若者にはコンピューターを好む人が多いことに気づき、彼らにＩＴ教育を提供することができれば就労につなげることができるのではないかというアイデアをもったのが始まりである。２００５年に国の研究補助金を取得して、わずか4人のアスペルガー症候群の若者を対象に最初のアスピットプロジェクトを始めた。現在（２０２４年4月）のアスピットは、デンマーク国内に8ヵ所ある。

視察時は、アスピットは、アスペルガー症候群をもつ若者を対象とするという説明を受けた。アスピットという名称自体が、アスペルガーとＩＴを組み合わせた造語である。現在、ウェブサイトで確認すると、その目標は、「ＩＴ分野で突出した能力をもつ自閉スペクトラム症（ＡＳＤ）の若者に対し全国規模の統一的教育モデルを提供し、個々の学生がよい生活を送れるようにすること」とあり、「アスペルガー症候群」という用語は使われていない。２０１３年に出版されたＤＳＭ（アメリカ精神医学会による精神障害の診断と統計マニュアル）の第5版は、第4版にあったアスペルガー症候群およびその上位概念の広汎性発達障害の診断名を使うことをやめ、自閉スペクトラム症（Autism Spectrum Disorder）と総称することにした。日本では２０１４年に同書の翻訳が出版され、それ以降、アスペルガー症候群、広汎性発達障害という用語にかわっ

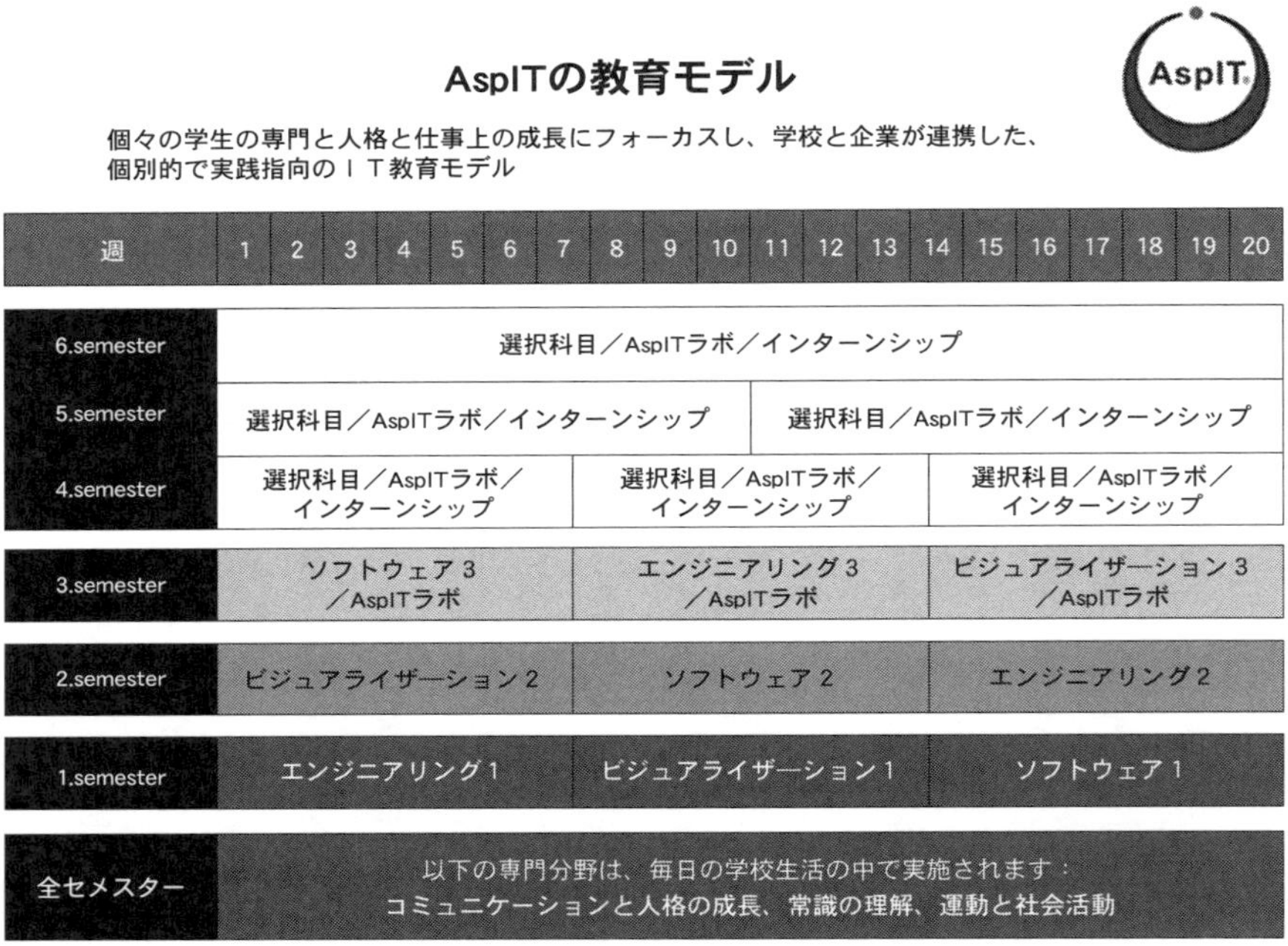

個々の学生の専門と人格と仕事上の成長にフォーカスし、学校と企業が連携した、個別的で実践指向のIT教育モデル

週	1	2	3	4	5	6	7	8	9	10	11	12	13	14	15	16	17	18	19	20
6.semester	選択科目／AsplTラボ／インターンシップ																			
5.semester	選択科目／AsplTラボ／インターンシップ										選択科目／AsplTラボ／インターンシップ									
4.semester	選択科目／AsplTラボ／インターンシップ							選択科目／AsplTラボ／インターンシップ							選択科目／AsplTラボ／インターンシップ						
3.semester	ソフトウェア3／AsplTラボ							エンジニアリング3／AsplTラボ							ビジュアライザーション3／AsplTラボ						
2.semester	ビジュアライザーション2							ソフトウェア2							エンジニアリング2						
1.semester	エンジニアリング1							ビジュアライザーション1							ソフトウェア1						
全セメスター	以下の専門分野は、毎日の学校生活の中で実施されます：コミュニケーションと人格の成長、常識の理解、運動と社会活動																			

図6-1　AspITの教育モデル

て、自閉スペクトラム症、ＡＳＤという用語が使われることが多くなったが、デンマークでも同様の状況と思われる。

アスピットプログラムに参加し修了するための条件として、ＩＴに才能、あるいは関心があることが必須である。また、ビジネスに携わるにあたっての基礎的な素質、例えば社会生活を送る上で必要な清潔さを保てること、常識的な身支度ができることなども求められる。そして、基礎的なデンマーク語の読み書き、数学の能力、ある程度の英語読解スキルも必要である。

図6-1に、アスピットの教育モデルを示した。これはアスピットのウェブサイトに掲載されたものを日本語訳したものである。

明確化プロセス（前著では，「見極め期間」と表記していた）において，ＩＴ教育を修了するのに必要なスキルと関心，プログラムを修了するのに必要な社会的スキルを身につける可能性，労働市場での雇用につながる仕事の能力を伸ばす可能性を見極め，合格すれば入学が許可される。その後，**図6-1**に示した教育モデルにしたがって教育が行われる。

少人数教育であり，静かな環境が提供される。コミュニケーションや社会的なスキルの訓練については，特別な授業ではなく，日常的な活動（エクササイズやゲーム，カフェ）の中で身につけることが目指される。インターンシップ受入企業にはメンター制度を導入し，社内のメンター担当者へのトレーニングを行う。そうすることで，企業はＡＳＤをもつ実習生，ＡＳＤをもつ社員を適した方法で活用することができ，またそのことが社会のＡＳＤに対する認識を変えることにもなるとアスピットは考えている。

アスピットの教育目標について，視察時にイェンセン校長は，「ゴールは，価値を生み出す労働者となることである。別の言い方をすれば税金を納める人になることである。〝できることはいったい何なのか〟を生徒と一緒に考え，生徒が〝焦点化された才能〟を見つけたら，それ以外はやらずにそれに集中するよう導く」と語った。

②スペシャリスターネ（Specialisterne）

２０１５年９月に訪問調査を行った。

２００４年にＣＥＯのトアキル・ソンネ（Thorkil Sonne）によって設立された。彼の息子のひとりがＡＳＤであったことから，ＡＳＤ青年を変えるのではなく，ＡＳＤのもつ特性を強みと理解してそれを最大限に生かすような教育と雇用の仕組みをつくりだした。スペシャリスターネとは、スペシャリストたち（英訳すればthe specialists）という意味である。この企業は教育機関であると同時に教育を修了した若者を雇用できるＩＴ企業でもあることが特徴である。

ソンネ氏の息子は能力はあるが社会的関係をもつことに困難を抱えていた。ソンネ氏は、息子を変えて社会に送り出すのではなく労働市場を変えるということを考え、スペシャリスターネを始めた。やがて世界中の同じ問題をもつ保護者（日本も含む）からメールが来るようになった。

スペシャリスターネはＳＰＦ（Special People Foundation）を設立。これはＮＰＯ法人で「１００万人に仕事」、すなわち本基金にかかわる自閉症者１００万人の就労を目指している。２０１５年現在、14ヵ国で展開し、各国のＩＴ会社と提携関係をもっている（現在のウェブサイトを見ると、26ヵ国で事業を展開するまでに成長しているとある）。会社はその被雇用者の１％にあたる自閉症を雇う規定をもっているので、７００人の自閉症者の雇用を実現するということになる。デンマーク国内では2年間で１０００人の自閉症者の就労を実現したいと考えている。

スペシャリスターネの理念を示すシンボルはたんぽぽの綿毛である。子どもたちは綿毛を吹いて遊び、たんぽぽを愛するが、大人は庭にたんぽぽが生えれば雑草だと言って嫌う。同一の対象に対する評価がこのように違うのは、人間の好悪の態度によると考える。大人は社会の規範に同一化して庭のたんぽぽを嫌うが、もしたんぽぽをキッチンガーデンに植えたらどうだろうか。たんぽぽの根は薬にも珈琲にもなる。つまりたんぽぽを受け入れればそのよさを経験することができるが、たんぽぽを受け入れなければ邪魔なものでしかない。人間についても、自閉症をもつ人たちについても同じことが言えるだろう。自閉症をもつ人たちは、何かが欠けているものとみなされるが、スペシャリスターネは彼らを価値あるものとみていて、だからこそその価値にアクセスできる。受け入れるなら価値が経験される。それをスペシャリスターネは「たんぽぽ哲学」と呼んでいる。たんぽぽの綿毛は、希望のシンボルでもある。

ＡＳＤが人の多様なありようのひとつということを認め、ＡＳＤは「欠如」ではなく「価値」であると考える。

教育の方針は、個々の学生の個別的ニードに合わせるということであり、教育する側が学生と関わる際に重視することは、尊敬、丁寧、自信、信頼である。

組織は、ビジネス部門、アセスメント・トレーニング部門をもつ会社セクションと、ＳＴＵ部門をもつ教育セクションから成る。会社・教育を合わせて80人から90人のＡＳＤをもつ人がいる。

会社セクションのビジネス部門は商品、すなわちコンサルテーションを売る。具体的にはＩＴ企業にコンサルタントとして社員を派遣する。この部門で雇用しているコンサルタントは35名で全員、ＡＳＤである。

会社セクションのアセスメント部門・トレーニング部門には11名の社員が所属する。ビジネス部門への移行を希望する準備段階の人たちが所属する予備グループであると言える。能力、英語力、コミュニケーション力、失敗したときの対応などが評価され、合格すればビジネス部門に参加することになる。

ビジネス部門で雇用されている社員は流動的で、より条件のよい会社へと転職することがあるので、そのような場合、予備グループからビジネス部門へと昇格させる。２年間で１０００人の就労目標を達成するために、大きなＩＴ会社との間に10から20人のコンサルタント契約を行うことを目標にしている。

教育セクション（ＳＴＵ部門）の学生数は35名である。ＳＴＵ法にしたがい、学生の在籍期間は原則的に３

年間であり、何らかの理由で学生が教育を中断する場合は最大5年間まで延長できる。ＳＴＵの主要な目的は、当該の青年がなるべく積極的で自立的となることである。学生の中には、ＳＴＵの途中で他の学校や雇用に結びつく人もいる。

教育内容は、①工学、コンピュータに関することで、プログラミング（レゴのマインドストーンというロボットを使う）、ゲーム開発、電気工学を学ぶ。ヨーロッパ共同ロケット開発のイーサンがロケット打ち上げに成功したが、その宇宙船で使うロボットのコンテストで当校の学生３名がファイナリストに残ったことを誇りと考えている。②語学・数学では、デンマーク語、英語、数学を学ぶ。③統合科目では、コンピュータで音楽をつくる、映画をつくるなどの作業を行い、音楽、ゲーム、プログラミングなど融合させる。④生活に関することにおいて、基本的生活習慣を身につける。ＡＳＤの若者は社会生活に必要なスキルが身についていないことが多いのでこの分野の教育が必要である。具体的には文化と社会の理解、食べ物と健康、社会と相互作用、自分を知る、キャリア教育などである。⑤余暇活動は、街に行って映画を見たり、カフェに行ったりすることなど。これらの余暇活動を通じて社会を学び、社会でのふるまいを学ぶことが期待される。⑥インターンシップは、全教育課程の３分の1を占める。インターンシップに入る前に実践的アドバイザー（practical advisor）が学生に基本的生活習慣に関することを学ばせて、インターンシップの準備をさせる。またインターンシップ中にも面接を行い、労働時間のもちかた、プライベートな時間の配分について考えさせ援助を行う。⑦心理教育は、ＡＳＤとしての特性を知り、それに対応した、またはそれを生かす行動・態度を知ることを目的とする。⑧最初に行う明確化プロセスは12週間で、その間に観察を行い、ＩＴ教育に適応できるかどうかを見極める。ＩＴ教育には向かないと判断された場合は他の教育・訓練のコースに移行させる。

第3節　デンマークにおける発達障害者のＩＴ教育・就労支援について

以上、アスピットとスペシャリスターネという二つのＳＴＵについてみてきたが、両者を比較検討すると次の5点が整理される。

①ＡＳＤのためのＩＴ教育

どちらも、ＡＳＤの特徴を強みとみなし、それを生かすにはＩＴが適していると考え、ＩＴについての教育を行い、ＩＴ関連の仕事への就労と社会参加を目指している。

②教育とＩＴ企業

両者を比較すると、アスピットが教育機関であるのに対し、スペシャリスターネは、ＩＴ企業でありかつ教育機関であるという点が異なる。後者はＳＴＵ部門で教育した若者を自社で雇うことが可能である。

③コミュニケーションと社会参加スキルの伸長

ＡＳＤの人たちが、コミュニケーションおよび社会に参加するスキルを身につけることを苦手としているという観点は共通するが、それらの能力を身につけさせる方法は異なっている。アスピットは、エクササイズやカフェといった場面で自然に身につけることを期待する。スペシャリスターネも余暇活動でそれらの能力を身につけることを期待するが、同時に「生活に関する」授業、ＡＳＤについて知る心理教育などの構造化された活動も行う。

④インターンシップのサポート

ＳＴＵという教育はインターンシップの占める割合が大きい。インターンシップを成功に導くことは、ＳＴＵプロバイダーとして重要な目標である。アスピットは、企業内にメンターを育てるサポートを行っている。これはインターンシップが成功することを目的とすると同時に、インターンシップを受け入れることで企業にとってのメリットを生むことも目指している。

スペシャリスターネは、インターンシップに入る前に実践的アドバイザー（practical advisor）が学生に基本的生活習慣に関することを学ばせて、インターンシップの準備をさせる。ウェブサイトでは次のように述べられている。

インターンシップでは、将来への架け橋を築くことができます。あなたは自分自身をテストし、あなたの強みと課題の両方についてよく知ることができます。
深海に投げ込まれることはありません。企業でインターンシップを受ける前に、インターンシップ科目の助けを借りて徹底的に準備します。

また、インターンシップを、スペシャリスターネ社内でも、また、社外の企業でも行うことができるのが、スペシャリスターネの強みと言える。

⑤ ＩＴ企業に提供するメリット

先述したようにアスピットのメンター制度はＩＴ企業にとってのメリットをも目的としている。スペシャリスターネも企業にとってのメリットという点を大いに強調している。筆者らの視察訪問時は、主にＳＴＵの教育と学生中心に話を聞いたので、スペシャリスターネの顧客であるＩＴ企業、実習受け入れ先としてのＩＴ企業側の状況については、十分聞き取ることがなかったが、ウェブサイトのトップページ(4)には次のような言葉が掲げられている。

ニューロダイバーシティを備えた広々とした労働市場への近道を歩みましょう。
ニューロダイバーシティのコンピテンスでビジネスを強化し、自閉症や同様の資質をもつ人々に有意義な雇用機会を創出しましょう。私たちはそこにつながる道を知っています。

顧客の企業向けのページのトップには、

人材や専門的な労働力をお探しですか?
私たちは、自閉症や、ＡＤＨＤ、同様の資質をもち、ＩＴおよび管理タスクに独自のコンピテンスを備えた候補者とあなたの会社をマッチングします。

私たちは、インクルージョンプロセスを成功させるために、企業リーダーおよび社員の両者を教育し、コーチングします。

あなたとあなたの会社は、インクルージョンとウェルビーイングを協議事項としていますか？　より多様性のある職場への最短の道筋をお示ししましょう。

新しいリソースとより多くの人材にアクセスしてください。

ニューロダイバーシティでビジネスを強化してください。そうすれば、未来の社員を惹きつけ、確保することができます。

スペシャリスターネは、自閉症や同様の資質をもつ人々のための有意義な仕事の創出について20年の経験があります。ハーバード・ビジネス・レビューは、当社を「ニューロダイバーシティのゴールドスタンダード」と呼んでいます。

ＩＴ、技術、データに関するスペシャリストレベルの強力なコンピテンスを得ることができます。

同時に、あなたの会社のリーダーと社員は、ニューロダイバーシティをもつ専門家を受け入れる準備を整え、違いを会社の強みとして対応するためのツールを手に入れることができます。

私たちは、自閉症やそれに類する資質をもつ社員が定着できるように貴社にアドバイスをします。そして、貴社のＤ＆Ｉ（ダイバーシティ＆インクルージョン）チーム、人事担当者、または各部門と対話し、広々とした職場づくりを支援します。

私たちはともに、貴社の未来への準備を整えます。

とある。

ビジネスを強化し得る、発達障害をもつ人材を企業に提供できること、そしてその高いコンピテンスをもつ人材が仕事を続けていけるようにスペシャリスターネが企業を指導すること、そしてそれがインクルーシブな社会の実現をリードする企業として高い評価を受けることになる、と強調しているのである。

第4節　日本のニューロダイバーシティ

日本でも、スペシャリスターネの企業としての経済効果が注目され、ニューロダイバーシティの取り組みは急速に注目されるようになった。経済産業省は、そのウェブサイト上「ニューロダイバーシティの推進について(5)」において次のように述べる（2023年10月）。

ニューロダイバーシティ（Neurodiversity、神経多様性）とは、Neuro（脳・神経）とDiversity（多様性）

という2つの言葉が組み合わされて生まれた、「脳や神経、それに由来する個人レベルでの様々な特性の違いを多様性と捉えて相互に尊重し、それらの違いを社会の中で活かしていこう」という考え方であり、特に、自閉スペクトラム症、注意欠如・多動症、学習障害といった発達障害において生じる現象を、能力の欠如や優劣ではなく、『人間のゲノムの自然で正常な変異』として捉える概念でもあります。

イノベーション創出や生産性向上を促すダイバーシティ経営は、少子高齢化が進む我が国における就労人口の維持のみならず、企業の競争力強化の観点からも不可欠であり、さらなる推進が求められていま す。この観点から、一定の配慮や支援を提供することで「発達障害のある方に、その特性を活かして自社の戦力となっていただく」ことを目的としたニューロダイバーシティへの取組みは、大いに注目すべき成長戦略として近年関心が高まっております。この概念をさらに発信し、発達障害のある人が持つ特性（発達特性）を活かし活躍いただける社会を目指します。

令和3年度産業経済研究委託費「イノベーション創出加速のためのデジタル分野における『ニューロダイバーシティ』の取組可能性に関する調査(6)」は、「『ニューロダイバーシティ』という概念を企業が経営に取り入れる意義と、実践するための方法論を示」すものであるとして、次のように述べる。

ニューロダイバーシティは海外で生まれ、いまや多くの大手企業で関連する取り組みが行われています。グローバルの取り組みのきっかけとなったのは、スペシャリステルネ（デンマーク）という企業でした。スペシャリステルネの創業者である、Thorkil Sonne 氏が、自閉症のある方にソフトウェアテスターの適性があることに着目し、自閉症を持つ人材を競争力として、ソフトウェアテストコンサルティング業を開業したのが始まりです。医学的な検証がなされている段階ではないものの、実際に、自閉症のある人材が行うソフトウェアテスターとしての業務の品質の高さが高く評価されて、ハーバードビジネススクールで企業の事例としても紹介されるなど、話題となりました。

こういった動きに大手企業が着目し、まず世界的なＩＴ企業である、ＳＡＰやヒューレット・パッカード・エンタープライズ（ＨＰＥ）などが、スペシャリステルネから自閉症のある人材の採用ノウハウなどのコンサルテーションを受けながら、自社の人材の採用に応用するようになりました。これを皮切りに、現在までに、マイクロソフトなどの他のＩＴ企業や金融業、製造業にまで、活動が広がっています。

これらの活動は、国際的なＩＴ人材不足にアプローチできる可能性のあるものとして、Harvard Business Review や Reuters などの世界的なビジネス誌で取り上げられ、近年一段と注目を増しています。

このレポートは、企業がニューロダイバーシティに取り組むべき理由として

１　人材獲得競争の優位性（発達障害のある人たちのデジタル分野との親和性に注目し、配慮や支援を提供することでその能力を引き出す）

２　生産性の向上・イノベーションへの貢献

３　社会的責任（ＳＤＧｓへの貢献、引きこもりからの社会参加や所得増による、ＧＤＰや税収への社会経済インパクトの大きさ）

を挙げている。

２については、ニューロダイバーシティに取り組む企業への調査の結果の分析から以下のようにまとめている。

① ニューロダイバーシティ先進取組企業においては、生産性を高める３要因である、文化的要因「心理的安全性」、物理的要因「物理的環境」、個人に帰属しうる要因の「仕事の熟練度」を高める取組みが実施されている。

② 「心理的安全性」を高めるのは、障害のある方に対する偏見（スティグマ）を軽減させること、二次障害に対処する風土を醸成し可視化すること、リーダーとメンバーが共に活動する時間を増やすことである。

③ 組織マネジメントの姿勢として謙虚さをはぐくむリーダー教育と、チーム全体のスティグマ軽減プログラムの実施が必要不可欠である。

④ チーム内に含まれる発達障害のある人など、チーム内で多様性を確保することはチーム全体のスティグマの軽減にも繋がる。

ＡＳＤの人たちにとっての「心理的安全性」を確保することは、ユニバーサルデザインとして、ＡＳＤではない人たちにとっても過ごしやすい社会的・物理的環境になること、リーダーシップについての新しい価値観が生み出されることが社会への影響をもたらすことが示唆されている。

第５節　発達障害のある人たちの就労支援

前節で経済発展促進の観点から、デジタル分野でのＡＳＤの人たちの雇用が日本でも推進されつつあることに触れた。雇用に熱心な企業が増えることを期待したいと思うが、ＡＳＤの人たちがその価値を発揮し、企業と社会がメリットを享受するためには、スペシャリスターネの教育部門やアスピットに相当する取り組み、すなわち社会参加につながる準備を整える教育支援がまずもって重要であるが、そのための教育分野での取り組みは日本ではまだまだ不十分である。

一方で、発達障害者の就労支援の分野の取り組みは10数年の間に盛んになっている。発達障害者の就労支援サービスを提供する会社のトップランナーとして、２００９年に設立されたKaien[7]という会社がある。この会社は、スペシャリスターネの考え方に共鳴して設立され、「発達障害の方が強み・特性を活かした仕事に就き、活躍する事を応援」する。

本節ではこのKaienとパートナーシップ契約を結び福島市で発達障害者の就労について取り組む事業所の取り組みを紹介する。聞き取りの対象は、凸ゼミ（デコゼミ）代表の遠藤一歩さんである。遠藤さんは、筆者が２０２０年から主宰する「人の育ちと人育ての会」に、本書の執筆者である石川弘美さんの紹介で参加することになった。「人の育ちと人育ての会」における遠藤さんの報告および、２０２４年4月6日、オンラインで行った聞き取り、その後のメールでのやり取りからまとめる。

遠藤さんは「発達障がいをもつ息子」が「大人になるまでに、少しでも生きやすい社会にしたい」という動機から、２０１９年に凸ゼミを開所した。凸ゼミは、多機能型福祉支援事業所であり、自立訓練（生活訓練）事業と就労移行支援事業を展開し、対象障害は知的障害、精神障害、発達障害、難病である（凸ゼミでは、「障がい」と記述している）。

就労移行支援事業は、２００６年に国によって制定された福祉制度で、障害や難病を抱える人々が社会に参加することを促進する目的をもち、一般企業での雇用を目指す際に就労準備から職探し、就労後の適応支援に至るまで、幅広い支援を提供するものである。

凸ゼミの方針は、納税者を増やす、つまり、福祉の追求、経済価値の向上、幸せの追求である。そして、少数派も生きやすい社会への変革、多様性の受容力を持ち、強さ・柔軟さの向上をなしとげる社会への変革を目指している。

利用者の支援の仕方として大切にしていることは、「自分で決める」ことである。そのウェブサイトには、

・自分で『決める』
・自分で『決めたこと』をやってみる
・結果をみて自分で『振り返る』

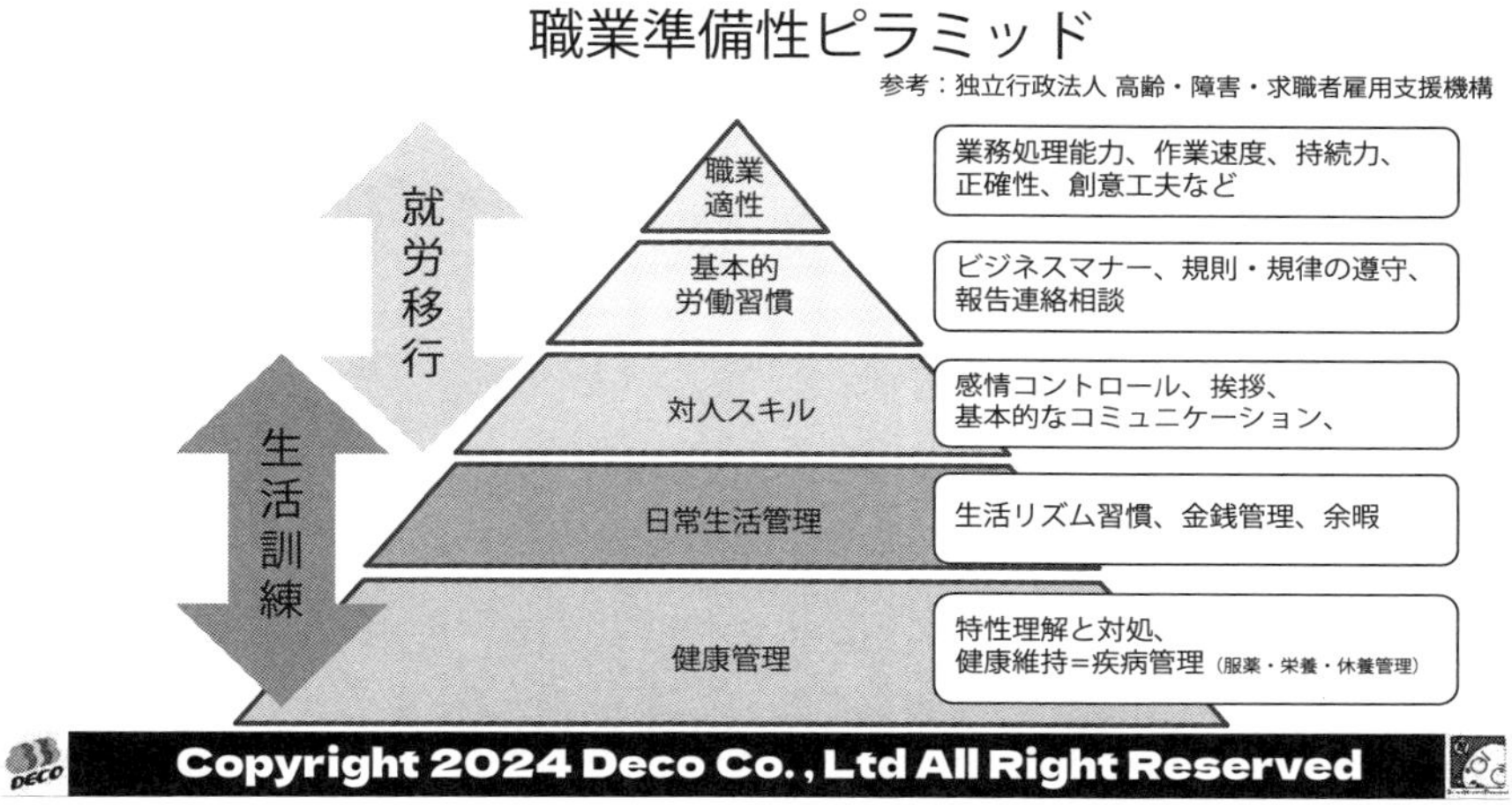

図6-2　職業準備性ピラミッド

・また自分で決めて、『やってみる』はじめから上手くいくことは少ないかもしれません。でも、『自分で決めたという事実と充実感』は、きっと人生のプラスになることと思います。そんな積み重ねを『自信』と呼ぶのだろうと考えます。凸ゼミでは、そんな経験を大事にします。
『あなたの人生の主役は、あなた』です。

とある。

凸ゼミは、厚生労働省の自立訓練事業と就労移行事業を活用し、最大4年間を担保する。自立訓練事業は定員14名、就労移行支援事業は定員6名である。4年間の支援修了後、定着支援を月1回程度で数ヵ月間行うことがある。会社 Kaien とパートナーシップ契約を結び、その教材を活用している。

利用者の支援において、「職業準備性ピラミッド」により利用者がもつべき就労に必要な力を整理している。**図6-2**は、凸ゼミが独立行政法人「高齢・障害・求職者雇用支援機構」『就業支援ハンドブック』を参考に作成し使っている「職業準備性ピラミッド」である。[8] 職業準備性とは同書によれば「個人の側に職業生活をはじめる（再開も含む）ために必要な条件が用意されている状態」とされる。ステージ１は健康管理、ステージ２は日常生活管理、ステージ３は対人スキル、ステージ４は職業適性であり、この順で下から積み上げられていくものと考えられる。

凸ゼミの具体的なプログラムとしては、

① **心理教育**　ＷＲＡＰ[9]プログラムを通じて自分について知る。自分のマニュアルづくり。
② **座談会**　自分を深め、他者とつながる場。トピックについて考えを書き、読み、きく。
③ **職業訓練**　30超のプログラムがあり、２週間ごとに内容がかわる。
④ **模擬職場**　安心して失敗できる。失敗したらその原因を考え、言語化する。「次どうする」を考えることが学び、成長につながる。こうして健全なチャレンジ精神を身に付ける。
⑤ **公務員試験対策**
⑥ **毎週30分の個別面談**

がある。

現在取り組む新たな活動としては以下のものがある。

① 社会参画機会としての地域清掃活動（一日30分）、地域の音楽祭でのボランティア活動。

②コミュニティ形成活動として、コミュニティFMのスポンサー番組で利用者をゲストとして紹介する。
③家族支援として、家族の学習の機会、繋がり創りの機会を開始。
④当事者に行ってきた心理教育を利用者以外へも広げる。
⑤当事者雇用　ピアサポーター資格を取得した当事者を雇用。
⑥よるデコの開催　引きこもり状態にある者の社会参画機会を創出する目的で、「しゃべり場」を開設。
これがひきこもり当事者の外出機会、他者とのコミュニケーション機会となりつつある。

成果として、現在4割の一般就労を実現しているが、将来的には7、8割を目指したいとのことである。就労後の定着については、6ヵ月定着は60％、1年定着は30％である。ある程度定期的にフォローアップに通い、個別の面接のなかで「自分のうまくいっていない感覚を伝えることができる人」が定着できている、と遠藤さんは考えている。「なんか変だな」というレベルでよい、フォローアップにいけば遠藤さんが見抜いてくれるんじゃないかと思って来るだけでよい、と遠藤さんは言う。

遠藤さんが考える大きな課題のひとつは、発達障害を抱える利用者の多くが学校生活の中で傷つき、二次障害としてのうつなどを発症していることである。その課題の解決のためには、厚生労働省の事業である就労支援事業と、文部科学省の管轄下にある学校教育とが連携をもつことが必要で、さらに言えば、新しい特別支援教育、すなわち、知的障害のない発達障害のある人たちのための特別支援教育を行う学校が必要だと、遠藤さんは言う。

第6節　まとめ

本章ではデンマークの発達障害者の就労支援の仕組みを紹介し、日本でのニューロダイバーシティ概念の広がり、発達障害者の就労移行支援事業についてみてきた。その上で言えることとして、発達障害者の雇用促進・社会参加促進には、企業の改革、就労移行支援、教育、この三者が適切に連携することが必要ではないか。日本において、発達障害をもつ人のデジタル分野での雇用の促進、発達障害者の就労支援がそれぞれ進む中、出遅れているのは教育である。

２００５年に特別支援教育が始まり、通常学級にいる知的な遅れのない発達障害が注目されるようになったが、今後必要なのは、デンマークのＳＴＵに相当するような、発達障害の特性を生かし、同時にその社会的スキルの伸長を目ざす青年期教育なのではないか。発達障害の特性に配慮した教育とその特性を強みとして生かす職業準備教育を、日本の教育の中でも実践していく必要があると考える。

第6章　注

（1）UUが廃止されるまでは、当該若者がSTUに適すると提案するのはUUであった。

（2）青木真理・髙橋純一・谷雅泰「デンマークのASD者就業支援の一例について——Specialisterne 訪問調査から」『福島大学地域創造』第28巻第1号、58-63ページ、２０１６年９月。

（3）AspIT のウェブサイト（２０２４年４月30日最終確認）。
https://aspit.dk/

（4）スペシャリスターネのウェブサイト（２０２４年４月30日最終確認）。
https://dk.specialisterne.com/

（5）経済産業省「ニューロダイバーシティの推進について」（２０２４年４月30日最終確認）。
https://www.meti.go.jp/policy/economy/jinzai/diversity/neurodiversity/neurodiversity.html

（6）令和３年度産業経済研究委託費「イノベーション創出加速のためのデジタル分野における『ニューロダイバーシティ』の取組可能性に関する調査 調査結果レポート」（２０２４年４月30日最終確認）。
https://www.meti.go.jp/policy/economy/jinzai/diversity/neurodiversity/neurodiversityR4report_v1.1.pd

（7）Kaien については会社の公式ウェブサイトに詳しい（２０２４年４月30日最終確認）。
https://www.kaien-lab.com/

（8）独立行政法人「高齢・障害・求職者雇用支援機構」『就業支援ハンドブック』令和６年改訂版、２０２４年（２０２４年10月３日最終確認）。
https://www.jeed.go.jp/disability////data/handbook/handbook.html#:~:text=%E9%AB%98%E9%BD%A2%E3%83%BB%E9%9A%9C%E5%AE%B3%E3%83%BB
「職業準備性ピラミッド」は、相澤欽一が『現場で使える精神障害者雇用支援ハンドブック』（金剛出版、２００７年）の「資料３ジョブガイダンスの実際例」の中で示した図を同法人が一部変更し、「職業準備性ピラミッド」と命名したものである。

（9）ＷＲＡＰプログラムとはアメリカの精神障害をもつ人たちによってつくられたリカバリープランで、Wellness・Recovery・Action・Plan の頭文字を取っている。自分自身の「取り扱い説明書」をつくる活動とも言われる。

第7章

誰もが共に生きる権利を求めて

――障がいのある息子と共に

石川弘美

筆者は知的障がいのある息子を育てている親であり、障がい者の親の団体などでボランティア活動をしています。今回、福島大学の先生方のデンマーク視察調査に同行し、リーベアド（発達障がいのある子の親と当事者の会）の活動内容や福祉政策などについてプレゼンテーションをまじえて教えていただきました（第５章を参照）。本章では、親の立場から考えたいこともあって、特にリーベアドに焦点をあてて説明します。

第1節　リーベアドとは——平等

まず、17歳の発達障がいのある息子さんのいる、リーベアド会長ルイーズさんより、リーベアドの概要についてお聞きしましたのでご紹介します。

「リーベアドの意味は平等性であり、障がいのある人が、よりよい教育、雇用、住居、社会的条件をつくりだすため活動している障がい者団体です。デンマーク全土に点在する18ヵ所の地域保護者会や120ヵ所の障がいのある子のための学校とも連携しており、20ヵ所のユースクラブ（当事者の会）を有する大きな組織です。年会費は300クローナ（日本円で約6千円）で、ロビー活動（政治活動）の他に150名規模のセミナー、ペアレントトレーニングなど親の学習会や交流活動をしています」との説明がありました。

「Fight（困難に立ち向かう）」——障がいの受容

筆者が息子の子育ての中で葛藤した障がいの受容について「同じ親として、どのようにして乗り越えてきたのか」、リーベアド会長ルイーズさんに答えてもらいました。

デンマークでは、40年前に比べて障がいのある子を恥ずかしいと思う親はほとんどいなくなったとのことでした。障がいがわかったときには、ショックを感じたけれども、すぐに「Fight（困難に立ち向かう）」というマインドに切り替えられたことを堂々と話してくれました。筆者の経験では、「障がいのある子がいると、人にどう思われるのか」、日本人特有の「人の目」とでも言うのでしょうか、それが気になり、障がいを内向きに考えてしまっていたので、違いに圧倒されました。

プレゼンテーションの中から感じたことですが、社会福祉国家デンマークには社会保障や権利保障がバックボーンにあるため、社会参加する権利はどんな人にでも平等にあるという考え方が社会の中に根づいているように思いました。日本でも、インターネットの情報やSNSが普及し、一般のメディアでも障がいが取り上げられるようになってからは、比較的「Fight（困難に立ち向かう）」というモチベーションをもちやすくなってきている傾向を感じます。ただ、実生活や学校生活においては、障がいは医療の診断で決められ、その結果として障がいのある人とない人は分断されており、障がいがあることや対人関係によるコミュニケーションの問題があることなどで、いじめの対象になりやすいと思います。意思がない人、何もわからない人、能力の劣った人、怖い存在……などの先入観で見られ、合理的配慮（環境調整）といった個々に合わせた様々な配慮が社会に浸透していないため、学びの環境が別々にされたり、社会参加の場面で断られたりするケースも少なくありません。

少子化で通常の学校が統廃合するケースが多い中、学校や社会生活に適応できない発達障がいの疑いがある子どもやその親は、個々に合わせた指導が受けられる特別支援学校を選ぶケースが年々増え続けています。特別支援教育のニーズも多種多様になってきており、特別支援学校高等部の進路においても一般就労を希望する生徒と、創作活動や生産活動などを行う福祉サービスの事業所を希望する重複障がいのある生徒とが同じ学び舎で協働して学ぶという「変則的なインクルージョン」の環境となっています。

また家庭環境などの複合的な問題から、一昔前の学校の標語にあるような「みんな一緒に、明るく、仲良く、元気よく」という良い子をイメージする横並びの教育が困難になってきています。発達障がいに加えて不登校（無気力・不安）や問題行動のある児童生徒が増えていることも、学校側が子どもたちの多様化するニーズに追いついていけていないことを意味しているのかもしれません。自然災害や新型コロナウイルス感染症の影響などで生きづらさを抱える子どもたちが増え、同時に自己肯定感の低さも考えられるとは思いますが、障がい特性の理解という点も考慮すると、川上康則『教室マルトリートメント』[1]では子どもたちの心の傷に関わる配慮すべき事柄を例に挙げて指摘がなされています。例えば、「やる気がないんだったら、もうやらなくていいから」「もうみんなとは○○させられない」「ダメって言ったよね」「どうしてそういうことするの」というような自尊心を否定するネガティブな言葉は、不安感や恐怖心を与え、特に自閉スペクトラム症児のフラッシュバックやパニックを誘発する原因になり、子どもの発達を阻害します。これは、「指示通りに早く動いてほしい」という教師の焦りや不安からくることもあって、多忙化する日本の教育の構造上の問題も含んでいるのかもしれません。

２０２４年4月から改正障害者差別解消法が施行され、民間事業者での合理的配慮が努力義務から法的義務になりました。いままで蔑ろにされてきた障がい児・者の権利は、建設的対話や相互理解において過重な負担のない範囲で求められます。この背景には社会モデルの影響があるとも言われ、障がいは心身機能の障がいだけでなく社会における障壁（事物、制度、慣行、観念など）があいまってつくりだされているものとする考え方です。[2]　数年前より、ＳＯＳの声を上げにくい方の個々の援助や配慮を求めやすくするために、全国の各自治体ではヘルプマーク[3]を周知していますが、この合理的配慮が浸透することによって、さらに一人ひとりに合わせた個別的な配慮を求めることができます。これには教育機関も含まれていますので（例えば、読み書きが困難なディスレクシアと呼ばれる児童生徒がパソコンやタブレットを使用するなど）、一人でも多くの障がいを抱える子どもたちが、通常の子と同じく、自分の住んでいる地域の学校でインクルーシブに学べる「みんなの学校」[4]のようになってほしいところです。

また、日本は他人に迷惑をかけたくないという傾向が強く、子どもは母親が育てるべきという慣習も他の国と比べて強いと思います。人としてあるべき姿、母親の責任として、この精神はとても大切なことですし、社会の規範を守り謙虚に生きていくことも社会人として必要です。ただ、本人にはどうしてもできない事情があって、それは意図的にやっているものではなく純心無垢な素直さからくるものであって、その人なりのそのままを多角的な視点から見つめていき、個性が強い傾向があるユニークな人として寛容な心で認めてあげるようにしています。筆者は、この考え方で子どもと接するようになったことで、社会に対して対等に意見を言えるようになりました。

社会構造の境界線を能力の優劣で線引きするのではなく、例えば、自分の得意な音楽、スポーツ、アート、料理、工作などの教科がメインにある学校もあれば、子どもは好奇心をもちながらワクワクして学校に通えます。苦手なことはあっても、興味のあること、得意とすることが強みになり他の人ができないことを助けてあげられる存在になれるでしょう。東京都フリースクール等ネットワーク『学びを選ぶ時代――子どもが個性を輝かせるために親ができること』[5]にあるように、多様な学びの環境を整えることによって組織も活性化されます。「右向け右」と言われて疑問をもたず、ただ従って右を向くような組織や同じ価値観だけの集団では環境の変化によって崩壊してしまいます。異なった考え方、変わった風貌や感じ方をもつ人たちも含めてつながっていることがポジティブに面白く、凸凹こそが人間らしいのです。閉鎖的で変化のない組織は早かれ遅かれ、いずれは衰退していくでしょう。分断されている社会をお互いが行ったり来たりできるような流動性のある仕組みができたら、インクルーシブな社会に一歩、近づけます。筆者も「Fight（困難に立ち向かう）」マインドで障がいのある子どもたちの環境を開拓していきたいです。

親同士のネットワークを広げよう——学校の選択

リーベアド会長ルイーズ・ウェンレイ・ヤコブセンさんの息子のセバスチャンさんは、17歳（高校2年生）で全寮制の学校の発達障がい専門クラスに通い自立した生活を送っています。3～4歳のときに、ことばの遅れがみつかり、就学前に自治体から「お子さんには特別な支援が必要ですね」と言われたものの、通常学校では何のサポートもなかったため、強いストレスで転校を迫られる事態になったことを話してくれました。すぐに、本人に合う学校を探し始めたのですが、市の教育費の予算が抑制的だったことや学校の情報が一般公開されていなかったことなど、様々な問題が重なり、転校が決まるまでに1年間を要したとのことでした。本人のニーズに関して法的な根拠を文書化しなければならなかったことと、交渉の過程で何度も書き直しになり気持ちが折れそうになったこともあり「障がいのある子の親同士のネットワークがなければ入学は難しかった」ことも打ちあけてくれました。

転校先の学校は1クラス12人に先生が2人配置されていたため手厚い教育を受けられ、通常学級のお友達とも包括的な関わりの中で安定した学校生活を送ることができ、セバスチャンさんにも笑顔が戻ったとのことでした。少人数制の学校については辻正矩が、教師は子どもの状態や声を聞くことで幸福をもたらすとして個の尊重を挙げていますが、(6)ルイーズさんの子どもを想う気持ち、努力、判断、この学校の選択などに共感しました。

筆者は引っ越しや転校が多かったため、学校、病院、福祉施設や相談機関などの情報をネットで検索するなど、何十件も電話をかけまくり、前例のない状況を説明し交渉してきた経験がありましたので、とても他人事とは思えませんでしたし、この対応にモヤモヤとした違和感がわいてきました。確かに、特別なニーズのある子の教育には人材の確保や環境の整備のために高額な費用が必要でしょう。けれども、子どもの成長は障がいがあるからと言って停滞することはありません。障がいがあることを理由に、子どもの発達の保障が置き去りにされていませんか。心のレンズを通して映るイメージの中で、障がいのある人は能力のない人、何もわからない人などの先入観が隠されていませんか。障がいがあってもどんな子どもも社会の宝です。障がいがある子の教育にはお金がかかるという大人の都合で後回しにされ、発達の伸びしろを奪うようなことは、あってはなりません。子どものこの年齢のこの時期にしかできないことが最優先で検討されるような社会であってほしいと願うのは私だけでしょうか。障がい児の子育ては、通常の発達の子に比べると何十倍もの手がかかり、心身ともに負担がかかります。その上、親の自己責任で子どもの将来が決まってしまうのはとても悲しいことです。また、日本の青年期の知的障がいのある若者から「僕は、特別支援学校を卒業しても、もっといろんなことを知りたいし、勉強したい」と聞いたことがありました。この青年に会ってから、知的障がいのある人の生涯にわたる学びの機会や選択肢が十分に用意されていないことが当たり前なことに気づかされました。これには一般的に知的障がいのある人は学ぶ必要がない、学習能力が弱いなどの認知バイアスがかかっているとも言えるのではないでしょうか。かつて恩恵的な扱いであった障がい者の教育機会は、教育を受ける権利として保障されています。障がいがある人もそれぞれに合わせた合理的配慮によって、生涯を通じて学ぶ機会があることは、ある意味、自然なことでとても素晴らしいことだと思います。生きることと学ぶことは切り離すことはできません。学ぶ機会を得られないことは、生きることそのものが脅かされます。学びたいと思っても日本の障がいのある人の高等教育の門戸は狭く、対応が遅れていることも差別を感じます。

一方的に書いてしまいましたが、すべてを社会や行政の責任にしようとは思っていません。ルイーズさんもおっしゃっていましたが、親自身も学ぶ姿勢が必要だと思っています。これも筆者の経験談になりますが、学習会や講演会などに参加してライフステージごとに必要な予備知識を勉強したことで、行政の方との相談や手続きがスムーズにできたことも確かです。また、同じように悩みを抱えている子育て真最中の親同士のグループワークでお互いの悩みを話したり聞いたりすることで安心感がもてたり、ネットワークが広がり解決の糸口が見つかったりすることもありました。自分の描く理想通りにいかないことの方が多くても、お互いの妥協点を探していく作業も必要です。子どものためにお互いに尊重し合い連携を図りながら共働し、共によい方向に進んでいく意識を共有することが重要だと思います。

孤立しやすい家族のアプローチを考える――訪問支援

日本の精神科の治療は、子どもであれば児童精神科、成人であれば精神科などの医療機関に赴くことでしか受けられないと思いますが、デンマークでは汎用的ではないものの自宅で受けられる場合もあることを教えてくれました。

筆者の息子の乳幼児期の子育ての経験を振り返ってみると、あやしても、おむつを交換しても、ミルクを飲ませても、ぐずりが多く、夜泣きも日常茶飯事で、抱っこも海老反りになって嫌がり泣き止んでくれませんでした。また、生活音や雑音、自然に聞こえる風の音や屋根に落ちる雨音にも敏感に反応し眠ったと思ってもすぐに起きてしまい、スヤスヤと熟睡してくれる日はありませんでした。昼夜逆転が続く中、歩けるようになると真夜中でも部屋を走ったり、ジャンプしたり、大きい声で叫んだりなど、日常的に困ることが増えてきました。どうしたらまわりのお子さんのように子どもらしく健やかに育ってくれるのだろう――例えば、睡眠の質の改善、ことばの獲得、社会性の芽生え、トイレ・トレーニング、食事、着替えなどの身辺自立の発達の遅れの他に公共の場での待ち時間、病院受診、はじめての場所、歯磨き、爪切り、髪のカットなどで頻繁に起こす癇癪などの育てにくさ――と感じ、育児本やインターネットの情報を調べまくり、ありとあらゆる方法を試しては失敗の日々が続きました。息子に対して感情的になることもありましたので、自分の子育ての仕方が悪いのだろうか、愛情のかけ方が足りないのだろうか、と悩みました。次第に、一生懸命頑張っても、どうにもならない状況の中で、安易に励まされることが重荷になり干渉されたくない気持ちから、人を遠ざけるようになったこともありました。外出する気力がない状況のときに自宅で心理的なアプローチを受けられると、親も子も安心感が取り戻せると思います。

現在の日本は家族の単位も小さくなり形態も様々で、地域のつながりも希薄な中、育児に困ったときもＳＯＳが出しにくい社会になりました。目を覆うような家庭内の虐待事件も後を絶ちません。私の住んでいる地域では、在宅で受けられる心理的な支援はありません。また、定期的に在宅で受けられる相談支援を受けられる人もいれば受けられない人もいるのが現状です。家庭内に他者が入ることによってよい意味での緊張感が生まれ、気分転換になり社会的な場になります。思春期においても母子一体が崩れ始める時期に反抗期が始まりますが、こだわりの強い人たちは、このことに固着してしまいます。これにも、閉ざされた家庭では限界があります。ひとりで抱え込まないように第三者に入ってもらい、困りごとをオープンにしていけることで虐待の芽も摘むことができるのではないでしょうか。

青年期の教育制度STUの誕生——ロビー活動

リーベアド創設者である前会長モーエンスさんより、２００７年に施行された青年期の教育制度のＳＴＵ(7)（第6章も参照）について説明がありました。

このＳＴＵの制定には青年期の障がい者が社会から孤立する問題に対して市や広域圏の交渉にリーベアドが入り、約10年以上の粘り強い要求活動を通じて実現できたと教えてくれました。今後も5年かけて新しい追加版、修正版の実現を推し進めていく計画があるそうですが「このような活動ができるのは会員数が多い組織であるからこそであり、政治家や行政に対して権利を主張することができる」と力説されていました。

デンマークの障がい者就労においても、雇用主は障がい者を雇いたくないという傾向があることも教えてくれました。その中でも短時間労働で週20時間の条件はありますが、働ける労働環境の改善について障がいのある子の親たちの声で勝ち取ることができたと誇らしげに話してくれました。また学校のバリアフリー化についても市に働きかけ、その結果、市長やソーシャルワーカーの現地視察につながり校舎の改修に至ったとも教えてくれました。

日本でも、リーベアドのように障がいのある子の親たちの運動が社会を動かし特別支援学校（旧養護学校）の設立や障がいのある子の学校卒業後の居場所や働ける環境整備、社会参加の実現に至っています。ひとりの力ではどうにもならないことでも、みんなで協力し合えば、その願いはいつか叶えられると思っています。どんなことがあっても諦めず声を上げ続けることが必要で、声を上げる人が多ければ多いほど、その願いや思いは届きやすくなるでしょう。

これからも助け合い支え合い協力し合える仲間を増やし、様々な機関や関係者、政治家にも働きかけて、障がいの垣根を越えて誰でもが輝ける未来を信じて、先人たちが成し遂げてきたように必要な制度について仲間と共に実現していきたいです。

困り感のある子を支えるスペシャリスト——ボランティア活動

リーベアド前会長モーエンスさんがリーベアドを知るきっかけとなったのは、軽度知的障がいのある娘のユーリアさんが義務教育後に入学したエフタスコーレから配布された資料だったことを話してくれました。エフタスコーレでは社会性が身につき、人との関わり方やコミュニケーションの部分でも成長できたとのことです。卒業時の就職活動やアパート探しに困ったとき、リーベアドに仲介してもらい大変助かったと教えてくれました。リーベアドは、ボランティア活動の共助のシステムになっていますので、モーエンスさんはその後も、15年間、ボランティア活動を続け支えてきたことを教えてくれました、その活動の中で「引きこもり歴2年の自閉症のある女性が7年間かけて、ようやく心を開いて握手をしてくれるようになったことは非常に嬉しかった」と笑みを浮かべながら話してくれました。

長期的なサポートが必要なケースは自治体の対応だけでは難しく、途中からサポートを受けられなくなるケースも少なくないそうです。非行に走る子の場合は困り感が目に見えるので容易にソーシャルワーカーにつながりやすいけれども、内向的でおとなしく不登校になりやすいタイプの子は声を上げないので、システムの中で忘れ去られてしまうそうです。例えば、場面緘黙症がある場合は極度の緊張から声が出せない、自分から行動に移せないため集団の中で孤立してしまいます。本当は、やりたいこと、考えていること、話したいことがたくさんあるにもかかわらず、とても傷つきやすく繊細で信頼できる家族にしか心を許すことができないのだろうと思いました。そんな子は、たとえ能力があっても社会性は乏しいため、より丁寧なサポートが必要になると思い、何とかしてあげたい気持ちに駆られました。またリーベアド会長のルイーズさんのように、社会的なつながりのある前向きな保護者は困った状況になったときでも相談機関につながりやすく、適切な教育や福祉が受けられるとのことでしたが、その一方で、社会から孤立してしまっている保護者の場合は、最も緊急にサポートを必要とする子どもに支援を届けることができないという現状があることにジレンマを感じました。そのため、地域の頼りになるソーシャルワーカーが存在することが重要となりますが、この人材は自治体の財源によって格差が生じている現状があることも教えてくれました。福祉や教育の制度の隙間を埋めるリーベアドのボランティア活動に意義を感じ、筆者も自分の経験を生かし、声を上げにくい人や同じ境遇の人に寄り添い社会貢献したいという思いが、より強くなりました。

障がいのある子の子育てにはマニュアルがないため、親は何十倍もの労力を費やし知恵を絞って難題を乗り越えてきました。この経験は決して無駄ではない――この経験をした人こそ、非常に難しいと言われるケースのお子さんや家族を助け、社会に送り出すことができる貴重なスペシャリストと思えたことで筆者の自己肯定感が高まりました。そして、同じ境遇で悩み励まし合ってきた仲間は貴重なつながりであることも実感しました。早急に解決しなければならない要望を何度も繰り返し訴え続けていますが、様々な理由で通らないことの方が多く投げ出してしまいそうになることもありました。けれども、協力し合える仲間や応援してくれる方々の励ましや頑張っている子どもたちの様子をみていると、「もう一度挑戦してみよう！」「一緒にこれからも粘り強く頑張ろう！」と前向きになれたことを思い出しました。

リーベアド会長のルイーズさんから「リーベアドはFacebookで情報発信をしているのでよかったら、つながりませんか」と、声をかけてもらいました。帰国してまもなく、お友達になり、投稿に、いいねボタンを押しシェアをしています。ぜひ、みなさんも、つながってみませんか。

障がい者である前に「人」である——当事者活動

リーベアドには、障がい当事者が運営する当事者活動の委員会があります。その議長であるカーステン・ワインホルトさんにリーベアドの当事者活動についてお聞きしました。勉強や読み書きができなくても仲間との交流を深め楽しく過ごすことが目的で、みんなと話せなくても仲間の一員であること、存在を認め合うこと、それだけでも十分に満たされる関係性を大切にしていると教えてくれました。交流活動としてはフットボール観戦にいく、ダンスを踊る、無料のコンサートに行く、週末にお酒を飲むなど、仲間と余暇活動を計画して遊びに行って楽しんでいることも教えてくれました。このような活動を仲間同士でプレゼンテーションをして情報交換し、広報活動の一環として定期的に機関誌を作成し、仲間や親の活動内容を載せて発行しています。一冊、見本としていただいたのですが、書店などで並んでいるモデル雑誌のようで、興味をもって読めるように工夫されていました。その他にも、FacebookなどのＳＮＳを利用して社会に向けて発信し、情報を共有してアップデートしていました。また、人と会ったりすることが苦手なタイプの人がＳＮＳを積極的に利用して、自分の興味のある話題で交流しているとのことでした。スポーツの例を挙げると、地域のサッカーチームの話題で盛り上がることもあり、「リーベアドには仲間がいるから一人で寂しいということはない」と目を輝かせながら話してくれました。また、モーリアさんの娘さんのユーリアさんは、内向的なタイプだそうですが、この当事者活動を通じていままでボーイフレンドとの出逢いがあり、現在も新しいボーイフレンドと仲よく過ごしていると嬉しそうに話してくれたことも印象に残りました。

かつて日本では、障がいのある女性は子どもを産むことを禁じられていた旧「優性保護法」という法律がありました。現在も、一般的には障がい者の恋愛や婚姻をタブー視することが少なくありません。日本の知的障がいのある女性から「親はいつまでたっても子ども扱いするけれど、成人したら子どもには子どもの世界があり、彼氏もいて、楽しく過ごせています」と笑顔で話してくれたことがありました。知的障がいのある男性から「恋愛をしてみたい。彼女をつくるにはどうしたらいいですか」と真剣に相談されたこともありました。当事者同士のコミュニティの中で、友人や恋人の出逢いから日々の生活が充実した楽しいものとなるでしょうし、障がいがあっても人を好きになる感情があり、愛情を与えたりもらったりしたいと思っている、同じ人だと思いました。自立には、働くことで得られる経済的な面だけではなく、精神的な面もあると思います。子どもから成人に移行すると、新たに大人としての義務が生じますが、それには法的な側面があるため、親からの自立を含めた場合に広義のサポートが必要になってきます。本人を理解して困り感に寄り添える信頼できる家族以外の大人や仲間を複数もっておくことが、親なき後の備えになると思いました。このことをきっかけに、色んな角度から自立を考えていきたいです。

ダイバーシティ&インクルージョンを考える――「プライド・パレード」

　モーエンスさんから、レインボーカラーの缶バッチを見せてもらいました。興味深く質問すると快くプレゼントしてくださったのですが、このレインボーには「人間の多様性を守る」という意味が込められているそうです。毎年、リーベアドは、レズビアン・ゲイ・バイセクシュアル・トランスジェンダーの文化を讃えるLGBTQ+のイベント「プライド・パレード」に、この缶バッチをつけて一緒にマイノリティ（少数派）の権利と平等を主張するため参加しているそうです。ちなみに、日本でも東京の代々木公園では「東京レインボーパレード」(8)として開催されており、参加者は年々増えているようです。日本は画一的で規範を守ろうとする傾向から、障がい者やマイノリティを排除しようとする意識は強く世界的にもマイノリティの理解は、まだまだ発展途上の国と言えると思います。日本の障がいのある人も、「東京レインボーパレード」に参加できるとすれば、社会に向けて多様性の観点から障がいを理解するきっかけをつかめそうです。

　ここで、筆者が多様性についてもうひとつ伝えたいことがあります。デンマークの童話作家で有名なアンデルセンの代表作として知られる人魚姫の銅像を見てきました。関連して同作家の「みにくいアヒルの子」から差別や偏見について考えてみたいと思います。アヒルの雛の中にグレーで大きな雛が一羽だけ生まれました。容姿が違うことから、ひどいいじめにあい、親鳥からも自分の子どもではないと見捨てられてしまいます。いたたまれなくなった、みにくいアヒルの子は巣から逃げ出します。他の鳥にも外見の違いで仲間外れにされ、どこにも居場所が見つかりません。独りぼっちで寂しい思いを抱えたまま、草むらにひっそりと身を隠し、ひと冬を越すことにしました。やがて春になり羽を広げると飛べるようになっていました。外の世界を見渡すと白鳥の群れが自分を呼んでいます。死んでもいいと思いながら近づくと、自分は白鳥だったことに気づき自信を取り戻したというお話です。これは、幼少の頃、貧困の家庭に生まれたためコンプレックスを抱えていたアンデルセンの自叙伝とも言われています。いろんな捉え方があると思うのですが、「人の価値は外見だけで判断してはいけないのではないか」「本当の価値は目には見えない内面にあるのではないだろうか」「みんなと異なることに劣等感をもつことはない」「自分を知らない人に自分を理解してもらうことで、共生することができるのではないか」「自分がその人の立場になって自分がそうなったときのことを考えてみることも必要ではないだろうか」など……。人は学ぶ機会がないからいじめてしまうのではないでしょうか。自分と違うものは格下だという狭い考えがいじめを助長させてしまうのかもしれません。集団的には、見た目が異なると受け入れないという得体の知れない力が働くようです。筆者も子どもの障がいを肯定できず、あるがままの息子を受け入れられず、隠したくなったり、人と比べたり、うらやましく思ったり、過去を悔んだり、先を心配したり、こんなことを思う自分は人間としてできていないと思ったり、この先、何を目標に育てていけばいいのか答えが見つからない時期がありました。とても悩んだ、その時期に障がい特性の理解があればよかったと思うところがあります。幼少の時期から男女やジェンダー、障がいを知る・触れ合う機会を大人がつくってあげることができれば、同じ人間として自然な関係になれる気がします。また、受け入れる人々や社会の意識や考え方を変えることができるかもしれません。

デンマークは移民が多く、言葉、宗教、文化、社会的通念が異なる世界中の多種多様な国々の人々を見かけたことも印象に残りました。また、トイレが性別によらないジェンダーレスになっていることで、性差がないこの国の平等性を肌で感じました。集団の調和を美徳とする日本に住んでいると、みんなと違うことに恥ずかしさや不安を感じてしまいますが、デンマークは個性を尊重した国で、一人ひとり異なる価値観を楽しんでいるように見えました。

日本も、グローバルな社会に向けてダイバーシティとインクルージョンから学ぶべきところがあるのではないでしょうか。

第２節　デンマークから学んだこと

デンマークおよび日本の親の会——共に生きる原点

福祉の理念で有名なノーマライゼーションはデンマークが発祥の地です。この提唱者であるバンク・ミケルセンはノーマライゼーションの父と呼ばれ、障がいのある人の生活条件をノーマルにすると訴え、大規模施設をなくし知的障がい者の生きがいや教育が受けられる豊かな人間らしい社会の実現に尽力し、１９５４年にデンマークに発足した知的障がい者の親の会に影響を与えた人物です。(9) 一方、日本の親の会は東京都内の当時の特殊学級に通う3人の子どもの母親の有志によって始まりました。発足当初、発刊された『手をつなぐ親たち――精神薄弱児をまもるために』には戦中、戦後に障がいのある子の親たちが差別を受けていた当時の様子の手記が残っています。[10] また、筆者が尊敬している日本の「知的障がい者の父」と呼ばれる糸賀一雄は、当時、手をつなぐ親の会の理事であったことも、この手記により知りました。

糸賀一雄の著書『福祉の思想』[11] では次のように述べられています。

この子らはどんなに重い障害をもっていても、誰ととりかえることもできない個性的な自己実現をしているものなのである。人間としてうまれて、その人なりの人間となっていくのである。その自己実現こそが創造であり、生産である。私たちのねがいは、重症な障害をもったこの子たちも、立派な生産者であることを、認めあえる社会をつくろうということである。

そして、共生社会の先駆けとなる「この子らを世の光に」という言葉を残しました。このように、約70年以上前にインクルージョンの思想が唱えられていたにもかかわらず、能力によって分け隔てられ分断されている社会がいまもなお、主流のままであることは誠に残念でなりません。障がいのある人もない人も共に生きる共生社会に向けて共存共栄を図ることをめざしていかなければなりません。それには、主体的にお互いがお互いに歩み寄り対話を重ね、共に生きることがポジティブになれるような社会が期待されます。

親なき後を考える――地域移行

１９７０年代に大規模入所施設の小規模化（グループホーム）や解体が進められ脱施設化の時代があったデンマークでも、近年になり再び施設の大規模化の傾向がみられるそうです。どのような理由があるのでしょうか。成清美治[12]は次のように述べています。

近年、デンマークでは高齢化（２０２０年で20・16％）の影響があり、公共福祉関連に関する支出増（特に高齢者対策費）となっており、その結果社会的諸サービスである医療・福祉サービスの低下、国営病院の閉鎖、それに伴う医療サービスの低下を招来しており、その結果、国民の中には自衛のため民間保険に加入するものが増加している。こうした国民の日常生活に影響を与えている公共の福祉に対する緊縮財政のもとで今後も高福祉を持続することができるのか予断を許さない状況にある。

このことから、デンマークも高齢化の傾向がみられるようになり財源の確保が年々難しくなってきていることがわかります。また、自立や社会参加のために重度の身体障がい者が24時間サポートできるヘルパーを雇用し管理するパーソナル・アシスタント制度があります。この制度が利用できればアパートでのひとり暮らしの生活も実現できると思うのですが、知的障がいのある人は自分だけの力で人を雇用することはできません。小賀久[13]は、障がいのある人の地域生活に不安をもつ親や行動障がいのある人の介護の限界を訴える家族の意向で大規模施設が解体されずに残っているとしています。苦言になるかもしれませんが、必ずしも本人の意思決定が優先されているとは言えない状況に「本当にこの生活が幸せと思えるのだろうか……」という違和感とノーマラーゼーションの思想にある生活の質との整合性にも疑問がわきました。

親は子どもの気持ちより先回りをして、あれこれ手をだして干渉してしまいがちです。重度の知的障がい者のすべてをわかってあげられないかもしれませんが、思いをキャッチするアンテナは立てて、表情や身振り手ぶりなどのあらゆる手段で意思を汲み取り、息子の好きな環境をできるだけ自分で選ばせてあげたいと思っています。重度の子でも言葉が話せない子でも、意思があり考えがあります。「自分で決めるまで急がせず見守り待つこと」「困ったときのサインを見逃さず、そのときこそ手を差し伸べてあげること」、これらが息子から教えてもらった意思決定の教訓です。支援者も一人ひとりの気持ちを丁寧に汲み取り尊重し、その人なりの自立に添うかたちで伴走し育てていく人間形成と自己実現のできる豊かで人間らしい暮らしが実現されなければ、社会的包摂を含めた地域移行は成り立たないのではないでしょうか。自分は大切な存在であるという自尊心、精神的な安心感や十分に満ち足りているという充足感、家族以外にも信頼し安心できる仲間や大人の存在が重要です。保護者の抱える負担、不安や悩みに寄り添い、本人の快適な暮らしを実現するために必要な具体的な支援の在り方を当事者や家族と話し合いながら方針を決めていく相談支援体制も必要でしょう。

大規模な施設、グループホーム、在宅など、どんな生活形態を選び取ったとしても、一番大切にしてほしいことは、本人がどこで誰と住みたいか、どのような暮らしを望むのか、ということです。本人の意思決定が優先され、これらが前提での地域とつながりのある社会包摂的な環境であることが求められます。大規模施設（ある意味、現代版のコロニーとも言えると思います）が増加傾向にある動きは、大人の都合によるお金の問題なのでしょうか。人権は守られるのでしょうか。優性思想や偏見や差別、虐待などで問題となり19名の障がいのある人の尊い命が奪われた津久井やまゆり園事件が頭をよぎります。どんな人でも、自分がいなくなった後のことを心配しない親はいないと思います。ましてや、声を上げにくい障がいのある子どもを守ってあげられるのは親しかいないと思わせるような社会であっては、死んでも死に切れません。親なき後の問題は何十年も前から言われていることですが、「永遠のテーマ」と言われているように、いまだに安心できる道筋がありません。日本の社会構造の中で、社会的不利にある状況の子どもが親なき後に備えて安心して自立できる暮らしを願うばかりです。

障がい＝オリジナリティと呼ばれる社会を目指して ——コモンセンスを疑おう

デンマークで生活や文化の本を購入しました。英語は全く話せませんので、インターネットで検索しながら訳して読み解いていくと、対話を大切にする日常が当たり前にあることがわかりました。先ほど性差を感じないと書きましたが、男性も家事や育児に積極的に参加しています。赤ちゃんを抱っこし、子どもを自転車の荷台に乗せて自宅に向かう仕事帰りのお父さんと何十人もすれ違いました。腕時計を見ると午後四時でしたので、この時間がラッシュアワーかと驚いてしまいました。自宅ではキャンドルを灯し夕食を囲んで家族や友人や仲間と団らんするヒュッゲが当たり前で、ゆったりとした余裕のある時間を家で過ごすようです。能力や効率やスピードが重視される社会では、できる、できないに固執し、先を急ぎすぎて忘れ物をしてしまいがちですが、まわり道をしながら、はじめてのことにワクワク感をもって自分にとって大切な宝さがしの冒険の旅にでかけるような、ゆとりある文化には画一的な考えに固執しない柔軟さやしなやかさがあり、こうあるべき、こうしなければならないという先入観に縛られない、多様な考え方を受け入れる寛容な心につながると思います。また、電車には自転車ごと乗れる専用の車両があり、この意外性に感心しました。このような国に住めたら、障がいがあっても楽しめる人生になるのではないか。デンマークに行ったことで、常識に捉われてあれこれ悩んでいた自分から解放され、物の見方や価値観がグッと変わりました。「こうに違いない、これが正しいと自分の物差しであれこれ判断したり、決めつけたりすることをやめて、いろんな価値観を尊重して自分や子どもや家族や人を肯定できる広い心で、自分の人生は自分の手の中にある」「間違ってもやり直せる」「他の人に遠慮せず迷惑とは思わずに、やりたいことがあったら自分で決めていい」、そんなことを教えてもらえたような感覚でした。人間はどこか不完全なところがあると思います。いろんな価値観を比較せずに差異を包み込み認めることやできないところは助けてもらったり助けてあげたり、いろんな人とつながり補完し合える社会になれたら、障がいという概念は、いつか自然になくなる日がくるのではないでしょうか。まずは養育する親が自分を認めてあげること、子どもも認めてあげること、リスペクトしてあげること、それがスタートでありゴールだと思います。

デンマークは北海道の面積よりも小さな国です。日本に比べると人口も少ないため、国民と政治家とはとても近い距離にあるのでしょう。精神障がいのある方が某市で清掃を担当していると、市長が気軽に挨拶や声をかけてくれるという場面もあるとコーディネーターをしてくださったカーステンさんからお聞きしました。このように、政治が日常生活の中に自然に溶け込んでおり、政治家は当たり前に国民の声に耳を傾けてくれる姿勢があると感じました。一方で日本の政治は、どちらかというと利害関係者が重視され敷居が高く、責任の所在も不透明で政治に対する信頼度は低いのではないでしょうか。デンマークでは上も下もない、忖度もない、この対等な関係性こそが世界で一番幸せな国と呼ばれる理由なのだろうと思いました。そして、福祉国家で理想郷と思われているデンマークにも現実にはグレーの部分もあり、問題を抱えていないわけではないのですが、理想に近い社会水準が満たされている理由が人間ファーストの考え方であり、寛容、協力、譲歩といった民主主義が大切にされている魅力的な国だと思いました。多様性が尊重される社会と言われていますが、日本がデンマークに見習うべきことはたくさんあると思います。

筆者は障がいは自分らしさとしての個性であり、オリジナリティと捉えています。障がいがあってもサポートの人材、専門性のある教育、環境が整備されることによって、社会に貢献できる人、次世代を担う大切な社会の一員になれると思います。また理想が高すぎると言われてしまいそうですが、障がいがあってもいろんなことにワクワク感をもって挑戦できる豊かな社会、子どもは子どもの人生を母親は母親の人生を自分で決められる一人ひとりが主人公である社会（＝自立）、そして誰でもがイキイキと活躍できる多様性を尊重する社会になってほしいです。

これからも息子がつないでくれた様々な方々の出会いに感謝しながら、障がいという概念が過去のものとなるように、様々な国々ともつながって、障がいのある人の権利を守る活動を続けていきたいです。

第７章　注

（１）川上康則『教室マルトリートメント』東洋館出版社、２０２２年、35-36ページ。

（２）内閣府「障害を理由とする差別の解消の推進」
https://www8.cao.go.jp/shougai/suishin/sabekai.html

（３）助け合いのしるし　ヘルプマーク

https://www.fukushi.metro.tokyo.lg.jp/helpmarkforcompany/
（４）木村泰子・小国喜弘・長昌之『「みんなの学校」をつくるために――特別支援教育を問い直す』小学館、２０１９年。
（５）東京都フリースクール等ネットワーク『学びを選ぶ時代――子どもが個性を輝かせるために親ができること』プチ・レトル、２０２０年。
（６）辻正矩『小さな学校の時代がやってくる――スモールスクール構想・もうひとつの学校のつくり方』築地書館、２０２１年。
（７）谷雅泰・青木真理（編著）『転換期と向き合うデンマークの教育』ひとなる書房、２０１７年、２０２ページ。
（８）特定非営利活動法人東京レインボープライド「らしく、たのしく、ほこらしく」
https://tokyorainbowpride.org/
（９）山田知子（編著）『社会福祉――新しい地平を拓く』放送大学教育振興会、２０２２年。
（10）精神薄弱児育成会『手をつなぐ親たち――精神薄弱児をまもるために』国土社、２０１２年。
（11）糸賀一雄『福祉の思想』ＮＨＫ出版協会、１９６８年、１７７ページ。
（12）成清美治『欧州福祉国家の自由・平等教育――オランダ、デンマーク、フィンランドの歴史と実践に学ぶ』明石書店、２０２２年、49-50ページ。
（13）小賀久『幸せをつむぐ障がい者支援――デンマークの生活支援に学ぶ』法律文化社、２０２０年。

第8章

若者支援に尽くしたカーステン・ボトカー氏の回想

カーステン・ボトカー（谷雅泰訳）

解説

筆者らのデンマーク研究の初期から、調査の水先案内人としての役割を担ってくれたのが、カーステン・ボトカー（Carsten Bøtker）氏であった。

最初は、メンバーの一人である青木真理がデンマークでカウンセリングがどのように行われているのかを知りたい、と考えたことがきっかけだと記憶している。ちょうど学校ガイダンスカウンセリングの改革が行われ、UUが設置されてカウンセラーが国民学校からセンターに集約される直前のことだった。その後、西地区若者教育ガイダンスセンターを紹介され、訪問し、何人かのカウンセラーにインタビューした。そこでの学びは前著に反映されているが、最初戸惑ったのは、日本で臨床心理士などのカウンセラーが対応するのは、いじめや人間関係のこじれなどの問題が多く、デンマークでも同様なものと思い込んでいたところ、そうではなく、困難を抱える若者を教育や仕事に結びつけることが仕事である、ということだった。いじめなどの問題には対処しないのか、と聞いたのに対し、「デンマークはそんなに病んだ社会ではない」と一蹴されたことを覚えている（もちろん、デンマークがいじめと無関係な天国であるはずはないのだが）。デンマークのカウンセラーは日本のスクールカウンセラーでイメージされるものよりも、キャリアコンサルタントに近いものだ、とやがて了解したのであった。

さて話を戻すと、何年か続けて訪問する中で、最初のうちはセンター長としてカーステン氏が挨拶を受けてカウンセラーを紹介する、という形だったのが、やがてカーステン氏自身がインタビューに応じてくれるようになった。また、筆者らの関心が広がるにつけ、それにふさわしい取材対象を見つけ、交渉するコーディネーターの役割も果たしてくれるようになった。そのうち個人的交流も深まり、近年は日本からの出張メンバーを自宅に招待してくれる関係にもなった。

そのような機会にいろいろと私的な会話も重ねるうち、筆者らはカーステン氏が仕事に取り組む動機や信念のようなものが人としての生き方と密接に関わっているように感じ、興味をもつようになった。その一端は前著の中でも触れたので、ぜひそちらも参照していただきたいが、今回はもっと詳しく、カーステン氏の生き方を紹介してみたいと考えた。例えば、カーステン氏が仕事をしているコペンハーゲンの西地区は移民の多い地域で、氏の仕事の多くは外国にバックグラウンドをもつ若者の支援に関係しているが、自宅に招かれると、そこにはトルコ出身の義理の娘さんがいて、カーステン氏とにこやかに会話している。その、トルコ出身の奥さんとの幸せそうな家庭の他にも、氏は自分にはアフリカにも家族がいる、とつねづね話している。日本人の島国根性がそう思わせるのかもしれないが、それは簡単にはできないことのように思えるのである。そこにはカーステン氏の生い立ちからくる、生きる上での信念のようなものがあるのではないかと考えた。

そこで本章はカーステン氏に英語で回想を書いてもらい、谷が日本語に訳したものである。事実関係などに誤りがある場合は、すべて訳者である谷の責任によるものである。

カーステン・ボトカー氏の略歴

１９７４年から１９７８年まで教員養成課程で学び、１９７８年にフレデリクスベア市で教員となる。１９８４年から同市で学校カウンセラー。働きながら１９８５年から１９８８年まで学び、ソーシャルワークの学士を取得。２０００年から２００２年まで社会問題省の緊急チームの若者カウンセラー、２００２年から２００４年までコペンハーゲン県／教育省の地域カウンセラーを務めた後、２００４年から２０１９年まで西地区若者教育ガイダンスセンターでセンター長を務める。２０１９年の制度改革でセンターが解体されてからは、２０１９年から２０２２年までロドヴァ市の教育ガイダンス部門長を務めた後退職。その後も裁判所の市民裁判員・陪審員、後見人、コンタクトパーソンなどの様々な社会貢献活動を続けている。

カーステン・ボトカーの人生

私のルーツ

私の両親は二人とも地方の出身だ。父はデンマーク第二の都市出身で、母は地方出身、母の父親は農場で牛の世話をする仕事をしていた。両親に共通していたのは、貧しさと、自活する上での苦労を抱えていたことだ。

また、二人が育ったのは第1次世界大戦と第2次世界大戦の戦間期で、経済危機と世界恐慌の時代であり、まだ若い時期に家庭を離れるしかなかった、という問題もあった。彼らの両親には家庭で養育する余裕がなく、15歳にして、彼らは自活しなければならなかったのである。

二人とも仕事を探し、幸せを求めてコペンハーゲンに移り、共通の友人を介して出会った。

デンマークはとても小さな国であるが、15歳にとっては（心理的にも地理的にも）とても長い旅であり、いろいろな点でそれを脱出と呼ぶこともできそうだ。そしてそれはここ30~40年の間にデンマークに棲家と仕事を求めてやってきた今日の移民や貧しい難民と多くの共通点がある。

そのような成り行きで、彼らがキッチン・トイレ共用の一部屋のアパートに移り住んだのは当然のことと言わねばならない。ちょうど、つい最近まで難民や流れ者が住み着いていたような部屋に。そこで、両親は私の３つ上の兄を授かった。それから、48平米の風呂無しでタイル張りのストーブ（かまど）が唯一の熱源のふた部屋のアパートに移り住んだ。私はその部屋で16歳まで生まれ育った。16歳のとき、私は最初のガールフレンドと近くの屋根裏部屋で同棲を始めた。

父は織布工場に職を得て週６日、36キロの道のりを自転車で往復した。帰宅した父が疲れていたことは言うまでもない。母は家にいて私たち兄弟が学校に上がるまで面倒をみてくれたが、その後は病院のアシスタントのパートを始めた。

私たちは物質的には貧しく、着替える衣類も多くはなく、夕食はしばしばホワイトグレービーソースのかかったソーセージとポテトだけだった。休日には決まって母の実家に行き、そこで私たち兄弟は農場の動物と触れ合ったり、裏庭の小川で釣りをしたり泳いだり、という経験をして素晴らしいときを過ごした。家の真っ暗な裏庭とは全く比べものにならなかった。

私たち兄弟が両親から常に言われていたことがある。それは、全力を尽くすこと、よい振る舞いをすること、それと、他の人と違っているがゆえに人生を送ることに困難を抱えている子どもや大人、例えば、失業者、シングル・マザー、障害者、精神病者、アルコール依存症者、普通の健康で適切な母親や父親をもたない人たちを理解し、親切にする、ということだ。十分なお金がなく、食料や必需品を買えない人たちに対しても同じである。

私たちは人を指さしたり、他人のことを見下して話すことは許されなかった。

それは両親がただ正しくあれと言ったということではなくて、両親が実践してきたことだった。追放され、他の方法では大変な目にあうような人々が、必要なケアを求めてたくさん私たちの子どものときの家を訪ねてきていたのである。

このように言えば、こじつけや自画自賛に聞こえるだろうとわかっているが、ここで私は私の価値観、誠実さ、倫理とモラル、そして、私の仕事と生活の両面で一生ついてまわる社会的憤りを見つけたのだ。

私の学校時代と教育

学校で私はできる生徒ではなかったが、勉強熱心で健康な好ましい少年だったとは言えるかもしれない。そして、第7学年で一般クラスと進学クラスに分けられたとき、他の労働者階級の子どもたちと一緒に私は一般クラスに入れられ、9学年で学校を卒えて働くか、実業訓練につくことを期待されたのだった。時は1960年代の終わり頃、若者の反乱（ビートルズ、ローリング・ストーンズ、「権威を打倒せよ」などのスローガン）と経済回復に象徴される時代だったが、経済回復のおかげで私のような子どもも、もう2年間より専門的な学校に通う機会を得たのだった。

私は大学準備教育のための高校に入学を許可されるほどにはまだ学力がなく成熟していなかった。ところが、そのときの社会民主主義政権が、労働者階級の子どもたちが社会的な過去の遺制を打ち破り、社会上昇を果たすことを可能にするという観点から、2年間の大学準備教育を創設した。そこから私の専門的成長が始まった。たとえ平均点が芳しくなくても、頑張るなら、試験に合格することができるかもしれない、という信念もそこで芽生えた。そして実際にそうなった。私は進級試験を受け、教員養成コースへの入学を許可された。

教員養成の１年目は大変だった。より知的な理論が暗号のように思えて、全く解読できなかった。しかし、進級テストに合格し、次のステップの教員養成に進むことができた。そこで私に予期していなかった何かが起こった。私は突然狂ったように目覚め、成熟し、成長し、素晴らしい成績で教員の試験に完全な合格をおさめた。

私がその後の生涯にわたって、教師、教育アドバイザー、センターの管理職、メンターや政治家としての専門職の仕事をしてきた。そこで大事にしてきたこの経験に関するポイントは、私自身の身に起った経験は社会的、知的に発達がゆっくりした人でも教育的に友好的な環境で育つ場合に適用可能だということだ。例えば、子どもが十分に刺激を与えられたり支えられたりしていない家庭や環境、あるいは他の理由により適度な知的潜在力があまり発達していない子どもの場合、あるいは移民や難民の子どもの場合、それだけの理由で暗号のように思える勉強に取り組むこともできず、インテグレーションどころか、新しい国で落ち着くこともできない。

私の価値観とキーワード

言葉を変えて言えば、平等、敬意、インクルーシブ、共感、認知、時間による分化が、父として、夫としての私、また少なくとも、口に金の匙をくわえて生まれてきたわけではない若者たちや家庭の、教師、スーパーバイザー、後見人、メンターとしての私の多くの役割との関係での、私の価値観、キーワードである。

私の世界では、彼らがどのような人で何からできていようとも、すべての人のための居場所がなくてはならないし、すべての人が見られ、聞かれ、認識されていなくてはならない。

私のキャリア

私は学習の困難を抱えた子どものための特別学校の教師として出発した。社会的に不利な子どもたち、ディスレクシアや脳に小さな損傷がある子どもたち、あるいは単に移民や出稼ぎ労働者の子どもで学校にほとんど行っていない子どもたちなど、いろんな子どもたちが入り混じったグループだった。その学校は単に遅れた子どもたちのためのものではなく、知的な遅れはないものの、社会的、感情的に困難のある子どもたちのためのものでもあった。

私自身の生い立ちや内面化された価値と関わって、私は自分自身がこの特別学校にとても合っていると感じたし、私自身の存在が子どもたちのよい手本になっていると感じていた。子どもたちが知的、社会的な面でよりインクルーシブなコンテクストの中で成長することを助けることができたし、それは彼らに必要なことで、近年では教育や職業生活において特別なニーズのある子どもや若者のインテグレーションやインクルーシブを準備しなければならないという政治的な取り組みが多く行われてきた。

このことから、とりわけ、私がやがて市の専門職員やコンサルタントに昇進することになり、特別なニーズのある若者の教育プログラムや働く場所をつくりだす仕事を与えられた。全く簡単な仕事ではなかった！

同時に、90年代は移民や難民の大量流入の時代であり、私は自分のバックグラウンドもあり、同僚とともに、彼らが教育をスタートするのに必要な準備を整えることができるようにする仕事に取り組んだ。

この関係で、私は昼の学校や夜の学校、大人のための余暇クラブ、学校に疲れた若い人々のための職業クラス、必要な知識の前提条件を満たしておらず、そのために伝統的な職業教育を受けることができない若者のための実用的で国が認可した２年間の基礎的職業教育などをつくってきた。この期間の私は明らかに忙しすぎたが、市からのサポートとよい成果が、私の推進力になっていた。

世紀の変わり目の頃、国の至るところにある貧困層の住宅地、学校、教育機関で、社会的な不安が高まっていた。若者たちは犯罪や破壊行為、暴力など違法で、暴力的で外向きの反応の行動を示した。

議会と政府は、静かで暴力や破壊行為の少ない町を取り戻すために市にアドバイスと戦略を示すための国家的なタスクフォース／特別のユニットを設けることを決定した。

教育カウンセラーとして、また社会的に恵まれない背景を背負った若い人々の「専門家」として、私は社会問題省に若者コンサルタントとして雇用されたが、その職務は国中を飛び回り、犯罪などの不適応行為などの街での生活をやめたい若者たちが取り組む努力やプロジェクトを実行できるようにすることだった。

それは多くの点で痛みの多い仕事で、朝の５時に国のどこかに行くために家に帰らなければならないことも、市長、警察署長、教育者の誰に会うのかわからないままということもよくあった。

努力して就いた職だったが、胸に手を当てて考えてみると、実際にその中に身を投じてみなければ経験できない、専門家のネットワークや専門的、個人的な成長という形で、そこから多くのものを学ぶことができたのは私だった。それは学校のようなものだった。

不適応の若者たちのプロジェクトが終了すると、私はコペンハーゲン地区の18の市の地域コンサルタントの役職を与えられた。地方自治体が特別なニーズのある子どもと若者が普通初等教育へのインクルージョンを実現するというサラマンカ宣言に応え、特別なニーズのある若者が労働市場において特別な条件での雇用に結びつく教育を修了する機会をもてるように戦略を進めることが仕事だった。

それはあらゆる点で意欲的なプロジェクトであり、政府がいくつかの国際宣言に同意したものだったが、実のところはたくさんの反対者のいる難しい職務だった。その動機は高尚なものだったし、人間的な観点からも正しい決定だったが、教育的、政治的実践に落とし込む段階になると、多くの予期しない障害物に出会った。それは第一には様々な障害のグループについての知識と教育の欠如によるものであり、少なくともその仕事の範囲の広さに対してリソースが追いついていないという事実、特別なニーズのある子どもと若者の数が年々増えているという事実によるものであった。

しかし、次のことにも言及しておかなければならない。特別なニーズのある若者のインクルージョンに関してはかなり成功しているし、今日まで意図したように機能するようになっていて、多くの若者の生活の質を向上させることに寄与している。それらは次のようなものであると言える、すべてのプログラムと学びへの特別教育の支援、重い学習困難のある若者のための準備的基礎教育と特別にアレンジした教育。

若者教育ガイダンスセンター長としてのキャリア

サラマンカ宣言の目標のひとつは、特別なニーズのある若者を教育に取り込む条件をつくりだすことだった。それは私の専門のひとつであり、２００４年に政府がガイダンス改革を実行して、市の教育ガイダンスを専門化し、いくつかのセンターを置いて機能を集中することを決定したとき、私はコペンハーゲン西地区の６つの市のためのセンターの長のオファーを受けた。

コペンハーゲン西地区は公有の土地が多いという特徴があり、社会経済的条件がよくなく、教育や仕事を得ていない、移民や難民のバックグラウンドをもつ人が多い。

　私の生い立ちや私のスーパーバイザーとしての価値観やキャリアからみても、これは私にとってはとても合った選択だったし、私はすぐにこんなニックネームで呼ばれるようになった――ミスター・スペシャル・ニード・フォー・ガイダンス。私を100％表現している。

　私の職務には専門的教育ガイダンスの質の向上ということが含まれており、このことは長期的にコペンハーゲン西地区のより多くの若者が青年期教育を修了するようにする、ということを意味している。私は60の国民学校と私立学校、6市のジョブセンターを担当する約40名のスタッフを抱えていた。

　2019年、デンマーク政府はセンターを閉鎖し、教育ガイダンスを市に戻したが、私は6市の中のひとつの市のガイダンス部門の長の職をオファーされた。

　私の意見を言わせてもらうなら、センターが市に戻されたことで、市が目標やエフォート、そして少なくとも予算を決めることになったのはよかったと言えるだろう。しかし同時に、そのことにより、彼らがボスとして私について決定することになり、彼らによりスーパーバイザーの仕事の方法の優先順位を決められ、どのように職務を実行するかも決められることになってしまった。

　残る疑問は、私たちはより多くの若者が青年期教育を始め、修了するようにさせることができているのかどうか？ということだ。その答えは、イエスでもあり、ノーでもある。

　私のコペンハーゲン西地区ガイダンスセンター長としての15年間、私は毎年、若者の教育の状況と労働市場との関係を分析し、報告してきたが、その経験と私の答えのための十分な議論から、イエスでもありノーでもある！と言える。

現実は社会と世界全体の経済条件に密接に関連していることが明らかとなった。違う表現をするとすれば、経済回復があれば、多くの人が教育や職業につけるし、２００８年から２０１６年のような財政危機と不況のときにはあまりうまくは機能しなかった。

政治家や公務員にこれらの条件を理解させるのは簡単ではなかった。彼らは回復期には私たちが十分なスキルをもっているとは考えなかった。

私の分析では、西地区の市民（子どもと親）は通学、教育と社会経済的条件に関して「（シーソーの）重い方が下がる」状態にあり、豊かな市民と同じレベルで教育や職業生活に参加することのできるポテンシャルや条件はなかったのである。

私は議論になったときには、そのことを次のように直接的に表現した――市に現にいる市民について、残念なことにその子どもに新しい親をつけることができないこと――だから基本的には教育や職業生活に参加することができるための動機や社会的条件に欠けているのだ、と。

教育アドバイザーやセンター長としての私の仕事により、私は多くのものを得たし、そのことは私の職業生活と私生活両面で私の人生を形づくってきた。

私の仕事の面について言えば、私は国中や外国で何百もの講演やワークショップを行ってきた。そしてそれらすべてが、社会的に、また認知の面で不利益を被っている若者を、教育と職業、そしてその先のより高い質の生活に導く条件と戦略をつくりだすことに私が関わる出発点になってきた。

この関係で、私は海外からのいくつかの視察を受ける機会があったが、その中にはデンマークをほぼ毎年訪問し、２０１７年11月には講演の講師として招いてくれた福島大学のメンバーが含まれる。

私のネットワークが役立ち、これらの訪問が行われたことは私にとって大きな経験だし、私にも大きなインスピレーションを与えてくれた。

私生活

私生活に関しても、私の仕事は大きく、決定的に重要だった。

私の妻と仕事で出会った、ということがまずある。彼女はトルコで生まれ育った移民だ。彼女には最初の結婚で恵まれた可愛い娘がいる。私はトルコの義理の家族をもつことを楽しみ、彼らも私をあらゆる面で歓迎してくれた。

私は若いスーパーバイザーだった頃、デンマーク女性と結婚した父親から見捨てられた西アフリカ出身の少年の面倒をみたことがあった。少年は父親の記憶がないものの、デンマークで父親と暮らし始めた。しかし少年が深刻な腎臓病を患ったとき、父親は少年に関わることを拒んだ。

市の許可を得て私はその件に介入し、私の家族とともに、彼が生活する場所を得て、教育を受け、パートタイムの仕事に就くのを見守った。それは、親に見放され、病気に命を脅かされているときに、最小限必要なことだ。

そのおかげで私はガンビアにいる彼の家族を20回以上訪問し、私にはガンビアの家族ができた。彼は大人になって結婚し、いまでは二人の娘がいる。

私自身の血のつながった娘もいて、それぞれ1歳と2歳になる二人の孫が私の人生を豊かにしてくれている。今年のクリスマスイヴは大イベントで、ガンビア、トルコ、デンマークの私の家族と私の前の妻が集まり、ここデンマークの伝統に従ってクリスマスツリーのまわりでダンスを踊った。

私の娘はきょうだいがいるかと聞かれると、こう答えている。「ええ、いるわ！ 私にはガンビアから来たお兄さんと、トルコから来た妹がいるのよ」。父親として、私はこのことをとても誇りに思っている！

現在の私の仕事

現在は正規の教育のスーパーバイザーとしての仕事は終えている。しかし職業生活をやめたわけではなくて、他人に危害を及ぼす深刻な犯罪で有罪となったり、錯乱状態で法に触れた患者のための後見人やコンタクトパーソンとして、社会の中の最も重い職務をいくつか引き受けている。彼らは伝統的な意味での判決は受けていなくても、安全な病棟や病院と同様の条件の刑務所に入れられたりしている。その仕事は裁判所や警察の求めによるものである。

私は地方裁判所の市民裁判員でもあるし、多くの市で、親自身の不幸、犯罪、アルコールや麻薬の依存症により子どもたちから強制的に引き離された親たち（しばしば私の昔の生徒である）がいる市で、コンタクトパーソンとしての職に雇われている。

多くの人は、私がいまやっている仕事を聞くと、頭を横に振る。私のことを「役にたつ阿呆」、と呼んできた人々もいるし、「承認欲求が強いためにひたすら社会の役に立ちたいタイプの、典型的な労働者階級の子どもだ」、という人もいる。

それらは辛辣な言葉と言われるかもしれないが、これらのことを言われて、私が否定的な影響を受けることは全くない。しかしもちろん、私がもっと自己省察をしなければならないという理由にはなる。もしかしたら、それには理由があるかもしれないのだから。しかし私は、ひとつ、あるいはそれ以上の理由から社会の底辺に落ちてしまった人々について、私の人生経験、包容力、共感力と個人的スキルを活用してくれる機関があることを基本的に誇りに思っている。受刑者や拘禁者が私を歓迎してくれることが私にとってとても重要なのと同じくらいに。それは、これらの訪問から帰宅するときに、私は受刑者や拘禁者と、塀の中で彼らの世話をするスタッフの両方から感謝されるだけのいい仕事をしたと満足を感じている、ということを意味する。

おわりに

谷 雅泰

「おわりに」には4名の著者が、それぞれこの本の公刊に携わったことでの思いを記そうということになった。私は「はじめに」も書かせていただいたので、短めに記したい。

最後にこの原稿を書こうとPCに向かい、ふと思い出したのだが、いや、おそらくはこの原稿の最後に科研費のことや福島大学の助成金のことを書いた後にこれを書こうとしているので思い出してしまったのだが、20年ほど前にはじめてデンマークに行こうと思い立ったときは、学生の「面白かった」という感想を聞いて自分もと考えたので、私費での渡航であった。なんで費用のことなど書くかといえば、そのときは、その後自分の研究テーマとして、デンマークの教育について考え続けていくなどとは考えていなかったな、と思ったからだ。しかし、デンマークの教育の在り方が日本と違うのはなぜかを考え始め、比較研究を行うことが面白くなり、いままでデンマークを題材にして科研費も4回受けている。また、今回の著者のみなさんのみならず、前回一緒に本づくりに参加してくれたみなさんも含めて、デンマークに関心をもつ仲間も少しずつまわりに広がってきた。

20年以上も追究して来られたのは、もうひとつ、デンマークの教育制度が改革の連続だということもあるだろう。ネタが尽きないのである。その背景には、やってみて、うまくいかなければまた変える、という柔軟さがあるように思うし、また、少数政党が連立や協力をしながら政権を維持する伝統の中で、話し合って決める、という慣習が根づいていることも影響しているように思う。日本の、ある意味硬直化した制度の中に身を置いていると、(何でも変えればいい、とはもちろん思わないのだが)その柔軟な感覚をうらやましくも思うのである。

これからもデンマークは変わり続けるのだろう。いつまでウォッチし続けられるかわからないが、今後も日本から観察を続けたい。

髙橋純一

*

共著者の谷・青木は、20数年前からデンマークの教育について研究をしてきた。私がちょうど10年前に福島大学に着任して早々に谷から「デンマークの研究を一緒にやらないか」と誘われて、いまに至っている。このような経緯で、特別支援教育の立場からデンマーク教育に関わることになったわけだが、果たして研究チームに何か貢献できるのか、そもそも私のバックグラウンドは心理学だし、教育学に関する内容でどこまでやれるのかという不安もあったが引き受けることにした。しかし、この不安はデンマーク研究に足を踏み入れると同時に、少しずつ解消していくこととなる（いまでも、谷・青木と科研の打ち合わせをするときには不安だけれど）。

私の経歴を振り返れば、調査・実験系の心理学を研究手法として、発達障害の（傾向のある）子どもや大人の心理特性について研究をしてきた。社会では障害児・者への差別はあるけれど、自分たちのような立場の研究者が客観的な心理特性を証明し続けていくことで正しい理解が広まるだろうし、結果的に差別も減るものだろうと思っていた。しかし、特別支援教育の分野で仕事を始めたと同時に感じたことは、無知の恥ずかしさも込めて言うが、研究者が心理特性を証明しただけでは社会の人たちの障害に対する差別なんて減らないということである（いまとなれば当然のことと思える）。それどころか、よかれと思って私たちが提示している心理特性などは、逆に差別を生んでしまっているのかもしれないとさえ考えるようになった。そこで、障害児・者への差別研究も同時にやらなければならないと感じた。

こう感じたときに、障害はどのように定義されるのか、つまり障害の基礎理念、障害概念や障害モデルに関する研究に興味をもち始めた。同時に特別支援教育の立場としては、インクルーシブ教育についても考える機会が多くあった。このような視点をもちつつデンマーク研究に携わってみると、先の不安——果たして研究チームに何か貢献できるのか——は少しずつではあるが解けていったのである。障害の基礎理念について考察する上で、デンマークで得られる知見はとても貴重なものであるし、それを考察することが結果的に日本への示唆を生むと考えている。

本書を書くにあたって、共著の石川さん（親の立場）と議論できたことは私にとって大きな意味をもつ。

石川さんには、デンマーク調査へも同行してもらった（石川さんを誘っておいて、逆に私が同行できなかった。第5章を参照のこと）。当事者のことがわかるのはその当事者だけだし、当事者の親の気持ちがわかるのもその親だけである。親の立場でデンマークの障害児・者に対する教育や政策を実際に見てみたらどのように感じるのか、実際に見聞きしたことを文章として残してほしいと思った。

7年前の前著では、デンマークのインクルーシブ教育について国民学校や特別支援学校での調査をもとに紹介した。デンマークのインクルーシブ教育の背景にある理念――デンマークでは障害理解が進んでいること――について前著では想定の域を出なかったが、これを発展させる形で、本書では障害の基礎理念の観点から考察の視野を広げることができた。前著から本書にかけて、デンマークのインクルーシブ教育について、その背景にある理念も含めてさらに掘り下げたつもりである。

前著同様に、本書についても多くの方々にお世話になった。最後に、お世話になったみなさんにお礼を述べて私の文章を閉じたい。

＊

石川弘美

筆者の息子は重度の知的障がいと自閉スペクトラム症があります。２０２４年３月に特別支援学校高等部を卒業しました。息子が4歳〜6歳までの3年間、通園していた療育機関（札幌市　社会福祉法人　麦の子会）は北欧由来の家族を支える社会的養護のサポート、社会モデルや合理的配慮、インクルーシブ教育が実践されていました。母子通園での療育の他に0歳児からのショートステイ、在宅での食事・排泄・入浴介助、送迎、余暇支援、緊急時のレスパイトや24時間の相談支援、きょうだい児の保育園（きょうだい児の支援）、不登校児のフリースクール、小規模ファミリーホームでの里親支援、グループカウンセリング、個人カウンセリング、ペアレントトレーニングなど、子どもたちを真ん中において社会全体でお父さん、お母さんを支え困り感のある子を一緒に育てていく支援体制が整っていました（現在は妊娠期のサポートもあります）。また、新入学、進級、転校、学校卒業後などでライフステージが変わっても教育と福祉と医療がしっかりと連携しているため地域で安心して暮らしていける支援がありました。

障がいのある子の「何もできない子ども、何もわからない子ども」というマイナスのイメージを、ひとりの人間として認めていく、対等な人間同士であること、個性として捉える価値観は、障がい受容ができない親やまわりの社会に対しても、障がいをあってはならないものとする見方を払拭させる障害観の転換ができるアプローチがありました。子どもの障がいの告知を受けた親にとって、障がいを受容することは並大抵のことではありません。息子が生後10ヵ月のときに小児科のドクターから障がいを告知されました。「将来、身の回りのことはできるようになりますが、働いて生活することはできません」。このことを告げられたとき、何かの間違いではないのか。信じられない気持ちでいっぱいでした。障がいを受け入れることができず、健常の子の発達に追いつかせようと「普通の子」という親の理想や期待を息子に押しつけ、息子の障がいを克服したい、ないものにしたいと訓練や習い事をさせて必死にもがきました。その葛藤の中、転勤族で頼れる身内・知人や本音を話せる友人も誰もいない状況だった筆者の家族は、札幌市　社会福祉法人　麦の子会で出会えた人と人とのつながりや安心感に包まれたおかげで、次第にありのままの息子を認めることができました。

息子が7歳になったときに盛岡に異動になり、手厚いサポートから一転し、再び孤立した不安な生活に戻りました。一番、困ったのは睡眠障がいでした。夜中に息子の泣き叫ぶ声や走り回る行動に親のしつけが疑われ、住民の方から批判のまなざしや苦情が向けられました。どうすることもできず、ひたすら耐えるしかありませんでしたが、俯いて歩いていると、ご近所の方から「辛いときは泣いてもいい。ただ、誰に何を言われようと、子どもを守ってあげられるのは親ですよ。どんな辛い目にあっても、どんなことがあっても絶対に子どもの味方でいてあげなさい」と助言をいただきました。このときは、ポロポロと涙がこぼれ落ちました。人に傷つけられることもあるけれども、その傷は人によって癒される。子どもは人とのつながりによって育つものだと思い、積極的に挨拶をしたり、お散歩に連れていく回数を増やしたり、人の目に触れるようにしていきました。半年たった頃、苦情を言った人から「ごめんなさいね。（あのときは）体調が悪くてね」と息子のはみ出した行動に対しても温かく見守り応援してくださるようになりました。すぐには、わかり合えない人同士でも、共有できる部分を見つけ広げていくことできっと理解し合えるようになれる。わからないから、そのままにしてよいというわけではないでしょう。価値観や文化的な背景の違う人同士でも、人と人のつながりの中に、なにかしら共有できる部分を見つけていくことで、最悪の事態は回避できると思い行動に移せるようになりました。子どもが生まれる前は、誰かが決めてくれていたことに従っていれば、小さな不都合はあったとしても、やり過ごすことができていましたが、自分で自分の進むべき方向を判断し、たとえ失敗はあっても乗り越えて行けるマインドがもてるようになれたのは、この時期からだったと思います。しんどくなったときは、このことを思い出し難題が起こっても投げ出さないようにしています。

その後、息子が特別支援学校の小学部3年生になった2015年より故郷である福島に転居しました。この故郷で一生を過ごすことになるとの新たな思いから、新しいネットワークを広げていくため地元の知的障がいのある子の親たちの団体をはじめ障がい者団体でボランティア活動を始めました。この活動のおかげで関連団体や様々な機関とつながり、2020年よりデンマークの障がいのある若者の青年期の職業教育を研究している福島大学の先生の青木真理さんの「人の育ちと人育てを考える会」に参加する機会をいただき、発達障がいやいじめ、不登校、引きこもりについて障がいのある子の親の立場から意見をしています。

今回、光栄なことに人の育ちと人育てを考える会の研究の一環で、デンマーク現地調査同行の機会をいただきました。また、同大学の先生の谷雅泰さん、髙橋純一さんからも誘っていただき、先生方の現地調査の中でデンマークの障がいのある子の保護者の団体の調査に同席させていただきました。そのお話の中で親の立場で貢献できるものがあればとの思いで、知り得た情報から自身の率直な考えや感想を綴ってみましたので参考になれば幸いです。

一般の人が当たり前にできることが、できるようになるまでに何回も何十回も何百回も何千回も何万回も何十万回も繰り返し、教えることが必要です。きっと無理なのかもしれない。もう練習もやめようか。できる日はやって来ないだろう。自問自答。自分一人で、これほどの回数を続けることは難しいことです。障がいと宣告されて絶望的になっても親はひとつでも自分でできることを増やしたいと、心のどこかで願っています。いつできるようになれるのか。できるようになる日がくるのかわからない。けれども、時間はかかっても、息子なりの成長に伴走し、いまできることを継続しています。このマインドを保っていくためには、その子のいいところや好きなことを一緒に見つけて共有し、成長の喜びを共に分かち合える人の存在が必要なのです。様々な困難にぶつかって、もう諦めようと何度も思ったことがありましたが、最後の砦は、ネットの情報や育児本にも載っていない、人とのつながりによって助けられてきました。顔と顔を合わせて心と心を通わせながら、悩みを分かち合い本音を話せる仲間の存在と息子を通じて知り合えた人との出逢いが息子の育ちにつながったことは、いうまでもありません。いろんな方に支えていただきながら、ミクロ単位のわずかな成長を願い喜び、これまで頑張ってきました。

高等部進学は諦めようと思ったこともありましたが、高等部3年生には修学旅行で東京ディズニーランドを楽しく訪問し、自身の想い出になったことでしょう。18歳になりはじめての選挙投票は行政の方の合理的配慮により代理投票で投票し大人として自覚がもてたようです。高等部卒業式では目を潤ませて校歌や旅立ちの歌を自分なりの発声（ハミング）で合唱し、無事に卒業しました。

かつて、麦の子会　北川聡子園長先生に「将来、行けるところはあるのでしょうか」と質問したことがありました。そのとき「士誠くんが、いかに楽しめるか。そこが大切ですよ」と教えてくださいました。高等部を卒業した後２０２４年3月11日より生活介護事業所に通所しています。早々に牛乳パックのリサイクルの仕事を絵カードで自分の意思で選び、ラミネート剥がしの作業を20分間、毎日こなし笑顔で帰宅しています。午後はのんびり好きな活動や自治活動をしているようです。きっと充実した楽しい毎日を過ごしているのでしょう。

この原稿を書くことによって筆者の子育てを振り返る機会になり、いままでお世話になってきたみなさまへの感謝の気持ちを込めました。障がいがあることを告げられた日から18年たち、息子の存在は何ものにも代えがたい尊い存在で『誇りである』と思えるようになりました。結びに、声を上げにくい障がいのある子や親に対してスポットをあてていただいた福島大学の先生方の寛大なご配慮に心より感謝を申し上げます。

（1）北川聡子、小野善郎（編者）『子育ての村ができた！　発達支援、家族支援、共に生きるために——向き合って、寄り添って、むぎのこ37年の軌跡』福村出版株式会社、２０２０年。

青木真理

＊

デンマークに通い始めて約20年、前著『転換期と向き合うデンマークの教育』を刊行してから7年たった。前著の「おわりに」に私は「またいつの日か、本書の続編を出版することも視野に入れていきたいと思っている」とも書き、それが本書において実現することになった。また、次のようなことをも書いている。

「訪問を始めたころはわからず数年後に気づき始めるのだが、デンマークは大きな転換期の中にあった」
「細やかな制度をつくればつくるほど、その制度と制度の間で支援の手からこぼれるグループが発見され、そのグループへの新たな制度がつくられる、というプロセスをいまデンマークは歩んでいるように見える。そしてそれは終わりなき改革ということにつながるのではないかとも思える」
「デンマークの転換期はまだまだ続くようで、本書はそのプロセスの真っただ中の中間報告ではある。たまたま転換期の始まりから訪問調査を開始し、継続してきた、しかも外国人の私たちだからこそ見えたことがある。それが読者に伝わり、一筋縄では捉えきれないデンマークの魅力を感じていただけたら幸いである」

本書も前著同様、デンマークの転換期のプロセスの中間報告であると言える。デンマークの改革は、まだまだ続いていくと思われるからだ。ただ、本書を書くことで、デンマークの人材養成の施策の本質にたどり着くことができた。それは、第2章に書いたように、第8章のカーステンの回想を読み、デンマークの教育とキャリア選択支援の出発点のひとつがサラマンカ宣言であることを知ったからである。デンマークのガイダンス制度に関心をもってそれを調査の中心に据えてきたが、それは言ってみれば、木を見て森を見ず、であったと言えよう。いまようやく森の全体像がつかめるようになった。そして、デンマークが、サラマンカ宣言をどのように受容し実際的な制度として具体化していくかに誠実に取り組んできた国であるということに、大変感銘を受けている。

もっと早くにカーステンに回想録を書いてもらったらよかった、そうすればデンマークの改革の根幹を知った上で、調査を進めることができた、と思うが、しかしまず関心を向けた「木」について調べていき、複数の「木」の間の関連を知り、次の「木」への関心を育てる、という調査のやり方は、私たちには合っていたという気もする。このやり方によってデンマークという国と時間をかけて知り合いになっていくことができ、時間をかけたからこそ、深く知ることができたと思う。それにしても、サラマンカ宣言の具体化をはかる上でデンマーク政府はカーステンという、なんというってつけの人材を発見し登用したことかと思う。カーステンの人生は、デンマークのサラマンカ宣言の受容と具体化のプロセスと見事に重なっているのである。そのカーステンと知り合う幸運を、私たちはもっていた。

デンマークの人育ての全体像という「森」がつかめてきたところで、支援の必要なグループの中でも、私たちがまだ扱い得ていない分野を今後調査していきたいと思う。そのために、まずは、カーステンの「コンタクトパーソン」としての仕事を聞き取るところから始めたい。

謝　辞

本書も前著同様、多くの方のご協力、ご助言により完成させることができた。特に次の方々のお名前を挙げお礼を申し上げたい。まず、カーステン・ボトカーさんにはすべての調査に関して情報提供、インフォーマント紹介をしていただき、多くの調査において同行していただいた。デンマーク訪問の度にご自宅に招いていただき、奥さんのヌアデン（Nurden）さん、日本のほうじ茶が好きなお嬢さんのメルテム（Meltem）さん、そして元ＴＥＣ（職業教育センター）のカウンセラー、ベニー・ウィーランドさんとともに夕食を囲んだことは私たちの大きな喜びである。

その他、時々の訪問調査で、日本からの訪問者の質問にひとつひとつ丁寧に答え、対応してくださった教育関係者のみなさま、また生徒のみなさまについても、お名前を全部は挙げられないものの、感謝の意を記しておきたい。

本書の出版については、前回と同じくひとなる書房にお世話になった。出版事情がますます厳しい中、またおそらく守備範囲から少々外れた内容にあたるにもかかわらず、出版のお願いを受けてくださった同社の名古屋研一さん、担当してくださった松井玲子さんはじめ、同社のみなさまには心より御礼を申し上げる。

また、本書の出版に当たっては福島大学学術振興基金の出版助成を受けている。福島大学の研究・地域連携課をはじめとするみなさまにも感謝申し上げる。

なお本書は日本学術振興会科学研究費による成果の一部である。研究番号については巻末に記す。

著者一同

Takahashi, J. et al. (2014). Differences in the efficiency of pattern encoding in relation to autistic-like traits: An event-related potential study. Journal of Autism and Developmental Disorders, 44, 2895-2907.

石川弘美　……第７章、おわりに

福島県福島市出身
福島市手をつなぐ親の会、福島市自閉症児・者親の会、全国障害者問題研究会　所属
重度知的障がいと自閉スペクトラム症のある１児の親。放送大学心理と教育コースを受講しながら、障がい者団体などでボランティア活動をしている。

カーステン・ボトカー（Carsten Bøtker）……第８章

西地区若者教育ガイダンスセンター所長など歴任、詳しくは第８章参照

著者略歴

谷 雅泰 ……はじめに、第１章、第４章、第８章（訳）、おわりに

広島県呉市出身　福島大学理事・副学長（教育・学生担当）
日本教育学会、日本教育政策学会、日本教育行政学会、教育史学会　など所属

主要業績

谷雅泰「1879年教育令のもとで学務委員に就任した民権運動活動家をめぐって――岩手県の事例」『地方教育史研究』41、2020年、1-19ページ
共著『３・１１と教育改革』かもがわ出版、2013年
谷雅泰「震災から８年――福島の現在、そして未来へ」『教育』１月号、2019年、83-90ページ

青木真理 ……第２章、第３章、第６章、おわりに

三重県名張市出身　福島大学人間発達文化学類附属学校臨床支援センター教授
日本心理臨床学会、福島県臨床心理士会、福島県公認心理師会　など所属

主要業績

青木真理『スクールカウンセラーのための仕事術――はじめて学校で働くための手引き』明治図書、2024年
青木真理「切れ目ないキャリア形成支援についての一考察」『福島大学学校臨床支援センター紀要』第８号、2023年、11-19ページ
青木真理編著『風土臨床：沖縄との関わりから見えてきたもの――心理臨床の新しい地平をめざして』コスモス・ライブラリー、2006年

髙橋純一 ……第５章、おわりに

鹿児島県鹿屋市生まれ　山形県東根市育ち　福島大学准教授
日本特殊教育学会、日本認知心理学会、障害学会　など所属

主要業績

Takahashi, J. et al. (2023). Diversity of aphantasia revealed by multiple assessments of visual imagery, multisensory imagery, and cognitive style. Frontiers in Psychology, 14, 1174873.
髙橋純一他「態度の評価成分と感情成分が障害者との交流意識に及ぼす影響」『人間環境学研究』17、2019年、51-57ページ

本書は、以下の日本学術振興会科研費による研究成果の一部である。
21K02164（研究代表者：谷雅泰）、19K02521（同：青木真理）

装幀——山田道弘

デンマークの人づくり——個性に応じた社会参加を支援する

2024年12月20日　初版発行

著　者　谷　雅泰
青木真理
髙橋純一
石川弘美
カーステン・ボトカー

発行者　名古屋 研一
発行所　㈱ひとなる書房
東京都文京区本郷2-17-13
TEL 03（3811）1372
FAX 03（3811）1383
e-mail hitonaru@alles.or.jp

　組版／リュウズ　印刷／中央精版印刷株式会社